착하게 사느라 피곤한 사람들

✦ 피플 플리저를 위한 관계의 기술 ✦

착하게 사느라
피곤한 사람들

화양 지음 ㅣ 송은진 옮김

시그마북스
Sigma Books

피플 플리저를 위한 관계의 기술

착하게 사느라 피곤한 사람들

발행일 2023년 9월 5일 초판 1쇄 발행
지은이 화양
옮긴이 송은진
발행인 강학경
발행처 시그마북스
마케팅 정제용
에디터 양수진, 최윤정, 최연정
디자인 김문배, 강경희

등록번호 제10-965호
주소 서울특별시 영등포구 양평로 22길 21 선유도코오롱디지털타워 A402호
전자우편 sigmabooks@spress.co.kr
홈페이지 http://www.sigmabooks.co.kr
전화 (02) 2062-5288~9
팩시밀리 (02) 323-4197
ISBN 979-11-6862-166-4 (03190)

不去讨好任何人
ISBN: 9787115605177

This is an authorized translation from the SIMPLIFIED CHINESE language edition entitled 《不去讨好任何人》
published by Posts & Telecom Press Co., Ltd., through Beijing United Glory Culture & Media Co., Ltd.,
arrangement with EntersKorea Co., Ltd.

피플 플리저 people pleaser

'타인을 기쁘게 해야 한다'는 강박에서
벗어나지 못하는 사람을 이르는 심리학 용어.
즉 타인을 만족시키기 위해
자신의 행동과 의견을 억제하는 성향을 뜻한다.
이들은 늘 상냥하고 친절하지만,
타인을 위하는 행동이 자신에게 불이익을 주거나
희생을 요구하는 경우에도
그것을 단호하게 거절하지 못하는 특성을 보인다.

그렇게 힘들지 않아도 괜찮습니다

이 시대에 '나쁜 사람'이 되기란 참으로 어려운 일입니다. 어려서부터 부모님과 선생님이 정직하고 좋은 사람이 되라고 가르쳐주신 덕분에 우리 모두의 마음속에 나쁘게 행동하면 안 된다는 생각이 깊이 뿌리내렸기 때문이죠. 사회와 가정에서는 물론, 도덕과 전통적 측면에서까지 우리가 각종 '나쁨'으로부터 멀어지도록 돕는 거대한 지원 시스템이 작동합니다.

반면에 '좋은 사람'의 상황은 전혀 다릅니다. 알다시피 좋은 사람이 되는 것을 금지하는 법은 없고, 그러한 도덕적 구속도 없습니다. 사랑하는 가족이나 친구 역시 내가 좋은 사람이 되는 걸 막을 리 없죠. 그래서 좋은 사람이 그 '좋음' 때문에 겪는 고통에 대해서는 사회 전체가 침묵하고 있습니다. 사람들이 전부 '나쁨'과 격렬하게 싸우느라 정신이 없을 때, 좋은 사람은 혼자 외롭게 구석에 서 있습니다. 어색하게 손을 만지작거리면서 어쩔 줄 몰라 입술을 오므린 채로 말이죠. 그렇게 남들이 세워놓은 '좋은 사람 표지판'을 끌어안고서 묵묵히 내면에 이는 고통과 갈등을 견딥니다.

사실 심리 상담 분야에서 '피플 플리저 성향'이 새로운 주제는 아닙니다. 하지만 피플 플리저 성향은 수년간 언급되면서도, 내성적인 성격처럼 지극히 정상이며, 심지어 너무 편하게 살아서 생기는 엄살 정도로만 치부되곤 했습니다. 심리 상담실이 '좋은 사람'으로 붐비는 기이한 현상의 심각성을 전혀 알지 못했죠. 피플 플리저 성향이 한 사람의 삶에 얼마나 커다란 상처와 고통을 안기는지는 의식조차 하지 못했습니다.

'나는 왜 거절하기가 힘들까? 거절하면 그 사람이 화낼 텐데, 그러면 나는 견딜 수가 없어. 우리 관계도 분명히 끝나겠지. 하지만 거절하지 않으면 내가 원하는 건 어쩌지? 어떻게 해야 모두가 원하는 걸 다 해줄 수 있을까?'

'나는 한 번도 내가 원하는 걸 말해본 적이 없어. 그냥 묵묵히 남들이 하자는 대로만 했지. 그래야 안전하고 사랑받을 수 있다고 여겼으니까. 그런데 왜 이렇게 불안하고 열등감만 커질까?'

'나는 남들에게 이렇게 많은 걸 해주는데, 그들은 내게 아무것도 해주지 않아. 대체 내가 뭘 잘못했을까? 아니면 애초부터 타인에게서 인정과 호의를 기대하면 안 되었던 걸까?'

'나는 다른 사람들이 기분 나빠할까 봐 항상 무서워. 그들이 상처받는 것도, 고민하는 것도 다 싫어. 날 좀 봐, 사람들에게 이렇게 잘해주잖아. 그런데 왜 이렇게 가슴이 답답하고, 전혀 즐겁지 않을까?'

'내가 그 사람을 기분 나쁘게 한 것 같아. 분명히 나한테 실망했을 거야. 나는 왜 이렇게 모자랄까? 어떻게 뭐 하나 제대로 하는 게 없지?'

전부 피플 플리저가 겪는 고통의 실체입니다. 우리가 반드시 주의를 기울이고, 치유해야 할 내면의 갈등이죠.

나는 이 책의 내용이 피플 플리저를 응원하는 힘이 되기를 바랍니다. 피플 플리저가 '조금 나빠지기'를 응원하고, '좋은 사람'이 되어서 받는 상처로부터 멀어지기를 응원합니다. 설령 '조금 나빠지기'에 성공하지 못해도, 홀로 고통과 외로움을 견딜 때, 이 책이 누군가는 '좋은 사람'이 되는 것이 얼마나 힘든 일인지 이해한다고 알려주기를 바랍니다.

책의 전반부 8개 장은 피플 플리저의 전형적인 행위 패턴, 즉 거절이 두렵고, 무조건 동의하고, 부탁하지 못하고, 돕지 않고는 못 배기고, 타인의 기대에 맞춰 살고, 미소를 멈출 수 없고, 화내지 않고, 매일 반성하는 8개 행위 패턴에 대한 내용입니다. 각 장에서 해당 행위 패턴의 이면에 있는 심층적인 원인을 분석하고 실질적인 변화를 일으키는 방법을 제공했습니다. 이 책의 마지막 장은 '나를 구원하고 살리기'를 목표로 하는 'SELF 심리 테라피'를 소개합니다. 앞으로 살면서 꾸준히 행위 패턴을 개선하고 더 나은 심리상태를 만드는 데 도움이 되리라 믿습니다.

만약 피플 플리저 성향 때문에 심각하게 고민하고 있다면 반드시 이 책을 읽기를 추천합니다. 이 책을 통해 자신의 행위 패턴의 이면에 있는 심층적인 원인을 깊이 이해하고, 지금보다 훨씬 더 홀가분하고 자유롭게 살 수 있음을 깨닫기 바랍니다.

차례

✦제 1 장✦ 거절이 두려운 사람들

✦제 2 장✦ 무조건 동의하는 사람들

피플 플리저
자가 진단 테스트

나에게 해당하는
문항에 체크(√)하고,
자신의 피플 플리저 성향을
확인해보세요.

1. 화를 낼 것 같아서 남의 부탁을 거절하지 못한다.

2. 누군가 기분이 안 좋으면 괜히 나한테 불똥이 튈까 봐 두렵다.

3. 내가 상대방을 만족시키지 못해서 관계가 깨질까 봐 늘 걱정이다.

4. 매일 다양한 사람의 요구를 받아주느라 항상 피곤하고 무기력하다.

5. 늘 남에게 휘둘리고 나의 솔직한 생각을 표현하기 어렵다.

6. 온화한 성격이지만, 개성이 없다.

7. 예의 바르고, 말을 잘 듣는 편이며, 규칙에 도전하지 않는다.

8. 주변에 친구는 많으나 사랑받는다는 느낌이 없다.

9. 거절당할까 봐 두려워서 다른 사람에게 부탁하지 않는다.

10. 남들이 잘해주면 조금 어색하고 불편하며, 심지어 죄책감마저 든다.

11. 열등감이 심해서 뭔가를 실행하기 어렵다.

12. 타인의 인정을 받지 못하면 잘못한 것 같다.

13. 고립되는 것이 두려우며 모두에게 좋은 사람이고 싶다.

14. 경계가 불분명해서 남들의 생활이나 감정까지 과하게 책임지려고 한다.

15. 무슨 일을 하든 다른 사람들이 그렇게 해도 된다고 말해줬으면 좋겠다.

16. 자신에게 매우 높은 도덕적 잣대를 적용하는 편이다.

17. 남들과 경쟁하는 것이 두렵고, 스스로 결정하는 것도 싫다.

18. 얼굴에 항상 미소를 띠고 있다.

19. 화를 낸 적이 없고, 원래 공격성이 없는 성격인 것 같다.

20. 호전적인 면이 없으며 늘 약자의 역할을 담당하는 편이다.

21. 종종 불안감을 느낀다.

22. 감정을 억누르고 표현하지 않는다.

23. 내 본성에 어두운 면이 있어서는 안 된다고 생각한다.

24. 늘 타인을 위해 희생하면서 이것이 헌신이라는 미덕이라고 여긴다.

25. 여러모로 부족한 사람이라 자주 반성하는 편이다.

26. 내면에 충돌이 생겼을 때, 어떤 선택을 해야 나와 타인이 모두 만족할지 모르겠다.

나의 피플 플리저 성향은?

✓가 18~26개: 뼛속까지 피플 플리저!

피플 플리저 성향이 이미 뼛속까지 파고든 상태입니다. 아마 오랫동안 이 문제로 고민해왔고, '되도록 남에게 맞춰주는 태도'가 '착한 것'이 아니라 일종의 '병'이라는 사실을 어렴풋이 깨닫기 시작했을 것입니다. 앞으로 더 건강하고 행복하게 살기 위해 반드시 변화해야 합니다!

✓가 9~17개: 요주의 피플 플리저!

다행히 피플 플리저 성향으로 당신의 삶이 엉망진창이 되지는 않았으나 분명히 불편한 느낌이 있을 것입니다. '나는 왜 모두를 만족시키지 못하지?', '나는 왜 남들을 돕느라 정작 나를 팽개치는 걸까?', '타인에게 상처 주지 않고, 나도 편안해지려면 어떻게 해야 할까?' 이제 이런 질문들을 마주해야 할 때입니다.

✓가 0~87개: 새싹 피플 플리저!

이 정도의 피플 플리저 성향은 성격 문제로 보기 어렵습니다. 마음속 깊은 곳에 '좋은 사람'이 되려는 작은 불씨는 있는데 아직 현실에서 활활 타오르지 않은 상태라 할 수 있습니다. 더 행복해지고 싶다면 '어떻게 하면 이 작은 불씨를 사그라뜨릴 수 있을까?', '남에게 맞추려는 태도를 어떻게 이해해야 할까?' 같은 문제들을 해결하는 것이 관건입니다.

제 1 장

거절이 두려운 사람들

러이(가명). 8년 차 기록 보관 담당자.

1년 중 가장 바쁜 연말, 오늘도 일을 끝내지 못할 것 같아 골치가 아픈 와중에 친한 동료 샤오리가 오더니 말을 걸었다. "있잖아, 러이. 글쎄, 위에서 느닷없이 일거리를 하나 주더니 엄청 급한 건이라고 나더러 오늘까지 전부 끝내라는 거야. 나는 이게 뭔지도 몰라. 어디서부터 손을 대야 할지도 모르겠다니까! 그래서 말인데…… 네가 나 좀 도와주면 안 될까?"

이 말을 들은 러이는 순식간에 심란해져서는 딜레마에 빠지고 말았다.

8년이나 같이 일한 동료이자 친구가 하는 부탁을 어떻게 거절할 수 있을까? 지금 내가 거절하면 샤오리는 '의리가 없다'면서 화를 낼지도 모른다. 어쩌면 사람들에게 나를 나쁘게 말하거나 다음에 내가 도움이 필요할 때 일부러 도와주지 않는 식으로 앙갚음을 할 수도 있다. 아니, 샤오리가 화내지 않아도 내 마음이 불편해서 견딜 수가 없다. 진짜 곤란한 상황인 것 같은데 친구가 되어서 어떻게 손 놓고 구경만 하겠는가? 하지만 또 달리 생각해보면 나는 내 일도 아직 다 못 끝냈고 딱히 도와줄 사람도 없다. 정말이지 지금은 남을 도울 겨를도, 여력도 없는 상황이다. 벌써 며칠째 야근하는 주제에 샤오리까지 돕겠다고 나선다면 아마 오늘은 회사에서 자게 될 것이다.

상황이 이런데도 러이는 도무지 죄책감을 지울 수 없었고, 이 죄책감의 밑바닥에는 희미한 분노와 억울함까지 있었다. '이게 무슨 감정이지? 샤오리의 부탁을 들어주자니 내가 힘들어질 것이 뻔한데, 그렇다고 거절하자니 내 마음이 더 불편해 못 견디겠어. 대체 어쩌자는 거야?'

키워드

나약함

거절하지 못하는 것은 항상 남의 비위를 맞추는 성향, 즉 피플 플리
저 성향의 대표적인 특징이다. 대체 왜 그렇게 거절이 어려울까? 이
문제를 해결하려면 우선 우리가 하는 행동 뒤에 수많은 감정과 믿음
이 있음을 알아야 한다. 예를 들어 '두리안을 안 먹는다'라는 행동
은 '두리안은 생각만 해도 구역질이 난다'라는 감정과 '두리안은 냄
새가 지독하다'라는 믿음이 만들어낸 결과다. 마찬가지로 좀처럼 거
절하지 못하는 행동 뒤에는 '거절이 두렵다'라는 감정과 함께 '그는
나약하다', '나는 나약하다', '우리 관계는 나약하다'라는 불합리한
믿음이 있다.

나약한 그: 거절은 그에게 상처를 준다

피플 플리저가 좀처럼 타인을 거절하지 못하는 가장 큰 이유는 마음속 깊은 곳에 '그는 나약하다'라는 믿음이 있기 때문이다. 내가 거절하면 그가 속상해하겠지, 내가 거절하면 그는 상처받을 거야…….
이런 생각들이 모두 '그는 나약하다'라는 믿음에서 나온 예측이다.
이렇게 예측하기 때문에 거절해야 할 때 걱정부터 앞서고 덜컥 겁이 나는 것이다. 살짝 부딪히기만 해도 다치는 사람과 함께 있으면 혹시라도 내 잘못으로 그가 다칠까 봐 행동이 조심스러워지기 마련이다.
조금이라도 양심이 있는 사람이면 그런 생각이 드는 순간, 살얼음판을 걷는 것 같은 공포를 느낀다.

✦ 나약한 부모

'그는 나약하다'라는 믿음은 더러 과거의 경험에서 생겨난다. 피플 플리저가 늘 남을 순순히 따르고 남에게 맞추려고 애쓰는 모습은 강하고 권위 있는 부모의 영향이 크다고 생각하는 사람이 많지만, 사실은 그렇지 않다. 실제로 피플 플리저의 부모는 상당히 나약하고 예민한 경우가 많다. 이런 부모는 아이가 자신의 요구에 '아니요', '싫어요' 같은 부정적인 반응을 보일 때, 버럭 화를 내거나 "너 진짜 혼날래?"라며 윽박지르지 않는다. 오히려 큰 상처를 입고 한없이 억울한 표정으로 눈물까지 글썽이면서 연신 아이에게 이야기한다. "어떻게 나에게 그럴 수가 있니, 정말 속상해, 너 때문에 닷새가 넘게 잠도 못 자고 밥도 안 넘어가, 네가 그러는 바람에 회사에서도 일이 손에 안 잡혀서 눈치가 보일 정도야, 이제 정말 어떻게 해야 할지 모르겠다……"

이런 경험은 아이의 마음속에 깊은 낙인으로 남아 끊임없이 속삭인다. 절대 거절하지 마, 거절하면 그는 '가슴이 찢어질' 거야!

✦ 투사된 나약함

'그는 나약하다'라는 믿음은 '투사'로 생겨나기도 한다. 아주 흔한 심리적 방어기제 중 하나인 투사는 자신의 감정, 충동, 욕망 등을 다른 대상에게 돌리는 것으로 이 과정에서 대상을 바라보는 관점이 왜곡된다.

간단히 예를 들어보자. 교외로 놀러 나갔다가 맑은 물에서 헤엄치는 잉어를 보면 종종 이런 생각이 든다. '얼마나 행복하고 자유로울까!' 과연 그럴까? 진짜 행복하고 자유로운 쪽은 잉어가 아니라 어디든 마음껏 다니는 사람이지 않을까? 이것이 바로 투사다. 그 순간 자기가 느끼는 즐거운 감정을 잉어에 돌려 그 잉어도 자신처럼 행복하고 자유로우리라 여기는 것이다.

타인을 나약하다고 생각하는 이유는 대부분 예민하고 여린 자신의 성격을 그에게 투사하기 때문이다.

거절할 줄 모르는 사람은 보통 아주 착한 사람이다. 이런 사람들은 거절당하면 큰 상처를 입고서 그 거절에 담긴 의미를 끊임없이 의심하고 고민한다. '이제 나를 좋아하지 않는다는 뜻일까? 대체 내가 뭘 잘못했길래 저렇게 야속하게 구는 거지?' 이런 감정이 사람을 얼마나 괴롭게 하는지 잘 알기에 차마 상대방까지 그 상처와 고통을 겪게 할 수 없어서 거절하지 못하는 것이다.

그런데 상대방이 정말 그 정도로 나약할까? 모르는 일이다. 그럴 수도 있고, 아닐 수도 있다. 잉어가 진짜 행복하고 자유로운지 알 수 없듯이 말이다. 중요한 것은 자신의 나약함을 상대방에게 투사함으로써 스스로 자신을 거절하지 못하는 상태로 만들었다는 사실이다.

나약한 나: 거절은 그를 화나게 한다

피플 플리저의 마음 깊은 곳에는 '그는 나약하다'라는 믿음과 '나는 나약하다'라는 자기 인식이 동시에 존재한다.

이들이 거절을 어려워하는 까닭이 '내가 거절하면 그가 상처받을 것'이라는 지레짐작이기도 하지만, 그게 전부는 아니다. 사실 이런 심리는 '그가 상처를 받든 말든 내가 무슨 상관이야'라는 태도만 갖출 수 있다면 문제가 되지 않는다. 핵심은 '내가 거절하면 그가 화를 낼 테고, 그가 화를 내면 내가 더 불편하다'라는 심리다. 거절에 따라오는 모든 걱정과 두려움, 불편함을 피하고자 거절하지 않는 것이다.

✦ 어린 시절로 돌아가다

사실 우리는 거절당한 사람이 아무리 화를 내고 앙심을 품어도 실제로 나를 어떻게 하지는 못한다는 걸 잘 알고 있다. 앞에서 소개한 러이는 동료의 부탁을 받고 난감해졌다. 만약 러이가 끝까지 동료를 돕지 않는다면 어떻게 될까? 직장에서 쫓겨날까? 그동안 받아온 사랑과 우정을 전부 잃게 될까? 설마 재판장에 끌려가 실형이라도 선고받는 걸까? 당연히 이런 일들은 일어나지 않는다. 그런데도 러이는 상대방이 화내면 자기 삶이 끝장나기라도 할 것 같은 걱정과 두려움에 압도당해서는 어쩔 줄을 몰랐다. 이성을 잃고 어릴 적의 나약한 심리상태로 돌아간 것이다.

모든 아이는 태어나면 자기보다 키와 몸집이 몇 배나 크고, 자신에게 먹을 것과 정서적 만족감을 제공할지 결정하는 두 사람, 바로 부모와 함께 살아야 한다. 부모가 늘 상냥하고 잘 돌봐주는 사람이라면 참으로 다행한 일이지만, 실상은 그렇지 않은 부모도 있다. 살면서 받는 각종 스트레스나 개인적인 상황을 이유로 아이에게 난폭하게 성질을 부리거나 필요한 것을 제공하지 않는 부모도 적지 않다. 어른에게는 이런 사람과 부딪히는 일이 별거 아닐 수 있다. 성인의 세상에서는 누가 화를 내면 내는 거고, 그랬다가도 시간이 좀 지나면 금방 괜찮아지기도 한다. 걸핏하면 화를 내는 사람은 다시 안 보면 그만이다. 이와 달리 어린아이는 반드시 부모와 대면해야 하며 함께 사는 것 외에는 다른 선택지가 없다. 아이에게 이 두 '거인'의 분노는 지진이나 홍수처럼 달리 피할 길이 없는 무서운 재난과 같다. 부모의 감정 상태가 아이에게는 생사가 달린 문제일 수 있는 것이다. 분노에 휩싸인 부모가 양육과 보호의 책임을 다하지 않으면 아이는 극도의 불안감을 경험하게 되고, 최악의 경우 굶어 죽는 지경까지 갈 수도 있다. 당연히 성인끼리는 이런 관계가 존재하지 않지만, 피플 플리저가 타인을 거절해야 하는 상황에 놓일 때 종종 재현되곤 한다.

내가 거절하면 그가 화를 내고, 그가 화를 내면 내가 당황한다. 당황해서 이성의 끈을 놓는 순간, 나는 어린 시절로 돌아가서 다시 부모의 감정에 이리저리 휘둘리는 나약한 어린아이가 되고 만다. 바로 이런 이유로 피플 플리저가 타인을 거절하기 어려운 것이다. 그가 화를 내면 내 삶도 '끝장날' 테니까.

✦ 보복하면 어쩌지?

피플 플리저는 거절할 생각만 해도 상대방이 화를 낼까 봐 덜컥 겁이 난다. 내가 거절해서 누군가가 화를 내는 상황이 너무 무섭고 끔찍하며 혹여 보복이라도 당할까 봐 안절부절못한다.

거절당한 사람이 화가 나서 나와 인연을 끊을까 봐, 내가 보기보다 좋은 사람이 아니라고 험담하고 다닐까 봐 걱정이다. 상상 속 거절의 후폭풍은 점점 더 커져서 나중에 진짜 필요할 때 아무도 나를 도와주지 않을까 봐 두렵기까지 하다.

거절에 따른 보복과 관련해서 이처럼 근거도 없는 상상의 나래를 펼치는 이유는 두 가지다. 하나는 자신이 거절이라는 행위를 공격과 동일시하기 때문이다. 다시 말해 내가 거절이라는 공격을 했으니까 당연히 상대방이 반격하리라 생각하는 것이다. 원래 사람은 공격을 받으면 본능적으로 반격하게 된다. 네가 나를 한 대 치면, 나도 한 대 맞받아치는 것이 인간의 본성이다. 그런데 정말 거절이 상대방에 대한 공격일까? 택배 좀 가져다 달라고 부탁하는 사람에게 "미안한데 지금은 정말 시간이 없어요!"라며 거절했다면, 이를 공격으로 볼 수 있을까? 당연히 아니다. 거절을 공격과 동일시하는 심리 역시 마음속 깊은 곳에 있는 '그는 나약하다, 나도 나약하다'라는 논리의 장난질에 불과하다.

다른 하나는 자신조차 인식하지 못한 내면의 분노와 공격성을 상대방에게 투사했기 때문이다. 앞에서 이야기했듯이 투사란 자신의 감정을 타인에게 돌려 그 사람에 대한 인식을 왜곡하는 심리적 방어기제다. 다시 동료의 부탁을 거절하지 못하는 러이의 상황을 떠올려보자. 그 과정에서 러이는 살짝 화가 났는데 자신도 왜 그런지는 알 수가 없었다. 사실 이해하기 어려운 감정은 아니다. 내 업무도 끝내기 바빠서 녹초가 되어 있는데 갑자기 와서는 자기 일을 도와달라고 하니 당연히 화가 날 만도 하다. 다만 속에 있는 불안과 짜증을 상대방에게 마음껏 쏟아내지 못해 답답할 뿐이다. '뭐라고? 안 그래도 바쁜데 너까지 왜 그러는 거야? 너는 내가 매일 야근하는 걸 보면서도 도와준다는 소리는 한마디도 안 했잖아! 그래놓고는 네가 급하니까 와서는 기껏 한다는 소리가 도와달라고? 나는 진짜 도움이 필요할 때도 너한테 폐 끼치기 싫어서 입도 뻥긋 안 했는데, 너는 어쩌면 내 생각을 손톱만큼도 안 하니?' 하지만 피플 플리저는 이렇게 복잡하고 속상한 마음을 제대로 표현할 줄 모른다. 그래서 억눌린 분노와 공격성을 상대방에게 투사해 거꾸로 그가 분명히 화를 낼 테고 나를 공격하리라고 생각한다. 정작 화가 나서 성질대로 시원스럽게 쏘아붙이고 싶은 사람은 자신이란 걸 전혀 깨닫지 못한다.

나약한 관계: 거절은 관계를 끝낸다

개인심리학의 아버지라 불리는 알프레드 아들러는 "인간의 모든 문제는 인간관계에서 비롯된다"라고 말했다. 피플 플리저에게 거절이 힘든 이유는 상대방이 상처받을까 봐, 화를 낼까 봐, 그에게 앙갚음 당할까 봐 두려워서다. 잘 생각해보면 이는 결국 관계를 잃고 사랑을 잃는 상황에 대한 두려움으로 귀결된다. 관계를 소중히 생각하기에 나의 거절로 상대방이 상처받기를 원치 않으며, 타인과 관계를 맺는 능력을 중요하게 여기므로 도움이 되지 않는 사람으로 보이기 싫다. 또 관계 상실을 견디지 못하는 사람이라 도움이 필요할 때 아무도 도움의 손길을 뻗지 않을까 봐 걱정된다. 관계도 사랑도 전부 필요 없다면 뭐 하러 남의 비위를 맞추겠는가?

✦ 조건부 사랑

피플 플리저의 마음속에서 관계란 참으로 나약한 존재다. '거절하면 그는 더 이상 나를 사랑하지 않을 거야. 내가 그를 만족시키지 못하면 우리 관계도 끝나겠지.' 사실 이런 생각은 '사랑은 조건부, 사랑받으려면 반드시 상대방의 기대와 요구를 충족시켜야 한다'라는 근본적인 믿음에서 비롯된다.

　청찬과 격려는 꾸준히 주목받고 실천되어온 교육방식으로 그 자체로는 아주 좋다. 문제는 간혹 부모나 교사가 이를 일종의 통제 수단으로 사용한다는 사실이다. 이렇게 되면 칭찬과 격려를 통해 아이가 최고의 자아를 실현하게 한다는 교육 이념이 '아이가 만족스러운 일을 하면 칭찬해준다'라는 상호작용으로 변질된다.

아이가 시험에서 100점을 받아 오면 내가 원하는 대로 되었으니 환하게 웃으면서 최고라고 칭찬하지만, 아이가 대학에서 그림을 전공하겠다고 말하면 정색하면서 그걸로 밥벌이나 하겠냐며 나무란다. 단지 자신의 인생관이나 가치관에 맞지 않는다는 이유에서다.

이런 반응은 결과적으로 관계에 대한 불안감으로 이어진다. '너를 만족시키고 네가 좋다고 생각하는 일을 해야만 사랑이 담긴 따뜻한 미소와 칭찬을 받겠지. 네 가치관에 맞지 않는 일을 해서 실망하게 하면 너는 사랑이라고는 전혀 없는 차가운 말을 던질 거야.' 이토록 약하고 불안한 관계라니! 관계에 관한 잠재의식이 이러한데 어떻게 감히 거절로 상대방과의 사이에 선을 긋겠는가? 진심을 표현하는 것이 관계의 상실을 의미한다면 차라리 피플 플리저가 되겠다!

✦ 피플 플리저의 관계 시나리오

어느 순간, 의문이 생길 것이다. '왜 내 주변 사람들은 늘 나에게 누가 봐도 무리한 요구를 할까? 거절하면 화낼 것 같다는 생각이 아예 없는 이야기도 아니야. 실제로 그런 일이 벌어지거든……' **왜 내가**

만나는 사람들은 대부분 '맞춰줘야 하는' 사람들일까? 정답은 당신이 피플 플리저의 '관계 시나리오'대로 움직이고 있기 때문이다!

가족 상담 운동의 선구자인 심리학자 버지니아 사티어는 "인간의 가장 큰 본능은 생존이 아니라 안전감을 찾는 것이다"라고 말했다. 어린 시절부터 줄곧 '조건부 사랑'을 받으면서 '맞춰줘야 하는 사람들'과 어울린 사람은 평생 강박적으로 이 강력하고 뿌리 깊은 상호작용 패턴을 반복한다. 피플 플리저가 되는 일은 상당히 고통스럽지만, 안타깝게도 이것이 익숙한 패턴이자 숙달된 '관계 시나리오'이기 때문이다. 종종 다른 사람들이 그러지 않아도 된다고 알려줘도 이 시나리오가 아니면 어떻게 해야 할지를 모른다. 안전은 인간의 가장 기본적인 욕구다. 낯선 것은 불안하며 안전하지 않은 것은 해로우므로 익숙한 시나리오를 수정할 수 없다.

이런 이유로 피플 플리저는 친구와 주변 사람들을 고를 때도 무의식적으로 '상대역'을 잘 맡아줄 사람을 선택한다. 항상 기분을 맞춰줘야 하고 거절당하면 성질대로 화를 내는 사람이야말로 단연 최고의 선택이다.

만약 자신의 관계 시나리오에서 '분노한 여자' 역할을 맡았다면 아주 높은 확률로 두 종류의 주변 인물을 선택할 것이다. 하나는 자격이 없는 배우자다. 남편이 다정하고 돈도 잘 벌며 가정에 충실한 사람이면 어떻게 분노한 여자를 연기하겠는가? 다른 하나는 세상에 좋은 남자는 없다고 믿는 친구들이다. 익숙한 관계 시나리오에서 나는 분노한 여자인데 친구들이 매일 "남편이 나를 많이 사랑하고 항상 존중해준다"라고 말한다면 어떻게 역할을 잘 해내겠는가?

피플 플리저도 마찬가지다. 일방적으로 맞추고 만족시켜야 하는 관계 속에서 너무 비참하고 슬프지만, 중요한 건 그게 아니다. 가장 중요한 것은 누군가 기꺼이 나와 함께 이 익숙한 게임을 해주는 덕분에 내가 익숙한 배역을 잘 소화해낸다는 사실이다. 일단 모든 것이 시나리오에 따라 진행되기만 하면 안전감과 통제감을 느낄 수 있다. 그것이 병적이란 걸 알면서도 말이다.

나약함의 쓴맛: 모두를 만족시킬 수는 없다

'그는 나약하다, 나는 나약하다, 우리 관계는 나약하다'라는 잠재의식에 지배된 피플 플리저는 결국 '나는 타인을 거절할 수 없다'라는 최종 결정을 내린다. 이 결정의 맛은 쓰디쓰다.

✦ 모든 사람을 만족시킬 수는 없다

어느 순간, 피플 플리저는 분명히 거절하지 않았는데도 모두가 만족하는 건 아니라는 사실을 알아차린다. 그런데도 이들은 모든 사람을 만족시키기가 애초에 불가능한 일이라는 사실을 깨닫지 못하고 오히려 극심한 무력감과 자괴감을 느낀다.

남편은 당신이 퇴근하면 바로 귀가해서 현모양처 노릇을 하기 바라지만, 상사는 당신이 퇴근 후에도 적극적으로 영업에 힘써서 거래처를 잘 관리했으면 한다. 가사도우미는 당신이 통 크게 보너스를 주기를 기대하지만, 시어머니는 당신에게 좀 더 알뜰하게 생활하라고 충고한다. 친구는 당신이 토요일 오전에 함께 웨딩드레스를 고르러 가주기를 바라지만, 동서는 그 시간에 당신이 아이를 좀 봐줬으면 한다. 이 사람들의 요구를 모두 거절하지 않고 받아주기는 당연히 불가능하다. 하지만 피플 플리저는 이 상황이 뭐가 문제인지도 모르며 반드시 모두의 기대에 부응해야 한다는 집착을 버리지 못한다. 이게 나 내가 부족한 탓이라며 어떻게든 모두에게 만족감을 선사하는 기적을 이루고자 부단히 노력한다. 그 끝은 극심한 피로와 깊은 좌절뿐이다.

모두를 만족시키고 싶지만 그러지 못하는 초조함, 각자 바라는 대로 해주느라 정작 자신을 내팽개친 억울함, 상대방에게 상처를 준 것 같은 자책감, 타인을 만족시키지 못하고 있다는 불안감…… 이런 감정들이 파도처럼 연이어 밀려올 때, 피플 플리저가 느끼는 내면의 고통이 얼마나 극심할지 짐작할 만하다. '지금껏 나는 한 번도 거절하지 않고 어떻게든 사람들이 바라는 걸 해주려고 늘 최선을 다했어.

나를 이 고통의 구렁텅이에서 꺼내줄 사람이 없을까?'

✦ 받아줄수록 더 요구한다

한 번 해달라는 대로 해준다고 그걸로 끝이 아니다. 아이러니하게도 피플 플리저는 거절하지 않기 때문에 점점 더 힘들고 어려운 지경에 빠진다. 대신 택배를 가져다 달라는 동료의 부탁을 거절하지 못하면 그는 계속 같은 요구를 할 것이다. 차로 집까지 데려다달라는 부탁을 한 번 들어주면 친구는 이후에도 계속 데려다줬으면 할 것이다. 이러면 매번 어떻게 거절해야 할지 몰라 당혹스럽고, 최대한 상대방을 만족시키기 위해 무리할 수밖에 없으니 정말 곤혹스럽기 짝이 없다.

타인이 나를 대하는 방식은 사실 나 스스로 만드는 것이다. 뭔가를 요구하는 사람에게 "나 지금 바쁜 거 안 보여요?"라면서 딱 잘라 거절하면 상대방은 자연스럽게 '아, 이 사람한테는 부탁해봤자 아무 소용도 없구나'라고 생각하고 다른 사람을 찾아간다. 반대로 불쾌한 속마음을 꾹 누르고 "그럼, 해줄 수 있지! 괜찮아, 나중에 또 필요하면 편하게 이야기해"라고 말하면 상대방은 '이 사람은 도움도 주고 상냥하기까지 하니 다음에도 부탁해야겠다'라고 생각한다.

거절하지 않을수록 상대방은 더 많이 도움을 요청한다. 그의 민폐 행동을 강화한 사람이 알고 보니 바로 나인 셈이다. 따지고 보면 전혀 이해할 수 없는 일도 아니다. 내가 싫다고 말하지 않으면 상대방이 어떻게 알겠는가? 정말로 한가해서 도와준다고 생각했을 수도 있다!

✦ 행동력 상실

피플 플리저로 살다 보면 자신의 행동력이 심각하게 훼손된다는 느낌을 받는다. 이상하게 남을 도와도 딱히 도움이 안 되는 것 같고, 자신도 그다지 만족스럽지 않다. 돕기는 하는데 속으로는 불평불만이 가득하니 전심전력하기 어렵다. 설령 용기를 내서 거절한다고 해도 그 순간 걱정과 두려움에 휩싸여 자신을 긍정적으로 인정할 수 없다. 결과적으로 이타적이든 이기적이든 도무지 시원스러운 느낌이 없다.

이런 상황은 전부 자기 내면의 충돌이 만든다. 모두를 만족시키고 싶지만, 정작 자신조차 만족시킬 수 없다. 이기적인 사람이 되고 싶지 않지만, 실은 분명히 이기적인 부분이 있다. 관계가 깨질까 봐 되도록 거절하지 않으려고 하지만, 그럴수록 관계에 긴장감이 감돈다. 이러한 극단적인 갈등과 대립이 행동을 둔하게 만들고 서로 충돌하는 목표 사이에서 에너지가 소모되어 정작 필요한 행동력이 계속 줄어드는 것이다.

피플 플리저는 진정한 '좋은 사람'이 될 수 없다. 내면의 충돌 탓에 행동력을 발휘해 '좋은 사람' 혹은 '나쁜 사람'이 되려는 목표를 실현하기 어렵기 때문이다. 피플 플리저로 살면서 될 수 있는 건 이도 저도 아닌 '심성이 못된 좋은 사람'과 '심성은 착한 나쁜 사람'뿐이다.

내면의 충돌로 행동력을 잃은 사람은 무력하기 그지없다. 무력해지면 타인을 만족시키고 싶어도 힘이 따라주지 않고, 그러다 보면 남을 돕는 일이 참 어렵고 귀찮게 느껴진다. 이런 상황에서 또 누가 무언가를 요구하면 분노와 무력감이 더 심해진다. 이 악순환은 피플 플리저의 문제를 점점 더 심각하게 만든다.

✦

내면이 강한 사람은 관계도 굳건하다

타인을 거절하지 못하고 항상 만족시켜야 한다는 의무감에 시달리는 사람의 문제는 기본적으로 타인과는 별 상관이 없다. 이들의 문제는 아직 남아 있는 과거의 감정과 내면의 충돌이 만든 것이므로 다행히 해결하기가 정말 쉽다. 다른 사람이나 세상을 바꿀 필요가 전혀 없고, 그저 자기 내면을 더 강하게 만들기만 하면 되기 때문이다.

방법1: 과거와의 이별, 나는 더 이상 나약한 어린아이가 아니다

타인의 요구를 거절하지 못하는 딜레마에 빠졌을 때, 우선 **잠깐 멈추고 지금 무슨 일이 일어나고 있는지 파악해야 한다.** 마음속 그 나약한 어린아이에게 부드럽게 말해주자. "왔니? 어서 와! 괜찮아, 내가 너를 잘 돌봐줄게. 사랑해!"

이어서 **두려움으로 가득 찬 아이의 감정을 느껴보자.** 상대방에게 **상처를 줄까 봐 무섭고,** 그의 분노를 마주할까 봐 무섭고, 보복을 견디지 못할까 봐 무섭고, 사랑을 잃을까 봐 무서운 그 다층적인 두려움을 찬찬히 살펴보아야 한다. 이렇게 감정을 들여다보는 것 자체가 치유다. 특히 두려움과 분노는 제대로 인식하지 않으면 마치 암흑 속에서 들은 정체 모를 소리처럼 극도의 공포를 불러일으킨다. 그 소리의 주인공이 풀숲을 지나가는 흰 토끼임을 확인해야만 공포가 사라지고 세상이 환하게 밝아질 것이다.

자신에게 대체 무엇이 그렇게 무서운지 물어보자. 또 내면의 어린아이에게 어떤 말을 하고 싶은지 물어보자. 참을성 있게 기다리면 반드시 답을 들을 수 있다. '내가 너무 나약해서 다른 사람 없이는 살 수 없을까 봐 두려워, 그가 너무 나약해서 내가 거절하면 무너질까 봐 두려워, 거절했다가 관계도 사랑도 모두 잃을까 봐 두려워……' 사실 이런 믿음들은 너무나 불합리하다. 우선 이미 성인이 된 당신은 누군가가 없어도 잘 살아갈 수 있다. 또 거절당해서 충격받아 죽는 사람은 없다. 아니라면 '거절하면 살인죄로 처벌한다'라는 법이 있지 않았겠는가. 마지막으로 거절 한 번 당했다고 깨질 관계라면 아예 없는 편이 더 낫다. 내면을 채운 불합리한 믿음들을 스스로 깨달으면 자연스레 어떤 부분이 말이 안 되는지 보일 것이다.

그렇다고 불합리한 믿음들과 맞서 싸울 필요는 없다. 그보다는 그 뒤에 감춰진 진짜 욕구에 주목하는 편이 훨씬 효과적인 접근 방식이다. 예컨대 거절하면 관계가 끝나고 사랑받지 못하리라는 믿음은 상당히 불합리하고 파괴적이지만, 그 이면에는 사랑과 행복으로 가득한 관계에 대한 욕구가 있다. 거절하면 보복당할 거라는 믿음은 현실적인 근거가 전혀 없이 공포감만 조성하지만, 알고 보면 안전에 대한 욕구에서 비롯된 것이다.

　마지막으로 자신에게 이런 질문을 던져보자. '어떻게 해야 생각을 바꿔서 더 건강한 방식으로 진짜 욕구를 충족할까?' 좀 더 구체적으로는 이런 식이다. '사랑과 행복을 주는 관계를 맺으려면 무조건 맞추는 방식 말고 어떤 식의 표현이 좋을까? 솔직하고 진정성 있는 사람을 좋아하겠지? 울며 겨자 먹기로 해달라는 대로 다 해줘서 안전감을 구하기보다는 나 자신의 내면을 강하게 만드는 편이 더 좋지 않을까?'

　이렇게 해야 내면의 그 어린아이가 점점 더 행복해질 수 있다. 세심히 돌보고 지도하면 차츰 더 성숙한 방식으로 자신의 진짜 욕구를 대면하고, 더 긍정적인 방식으로 세상을 다루는 법을 배우기 때문이다.

　감정 인식, 감정 수용, 신념 전환부터 경험 습득, 자기애, 최상의 상태에 이르기까지, 전부 '나를 구원하고 살리는' SELF 심리 테라피를 간단히 적용했다. 이 책의 마지막 장에 모든 방법이 체계적으로 소개되어 있으며 각 장에서 그 사용법을 설명한다.

방법2: 선택하면 내면의 충돌도 두렵지 않다

피플 플리저가 그토록 괴로운 까닭은 내면이 충돌로 가득하기 때문이다.

거절하고 싶으면서도 거절할 수 없다. 욕심 없는 좋은 사람이 되고 싶으나 그 욕심을 억누르기가 힘들다. 나를 희생해서라도 좋은 관계를 맺고 싶지만, 관계의 안전에 대한 불신이 너무 강하다. 이처럼 다양한 충돌은 심각한 고통을 불러온다. 대체 어떻게 해야 이 모든 충돌을 깡그리 없앨 수 있을까?

엄밀히 말하면 충돌을 없애고 싶다는 이 발상 자체가 문제다. 충돌이란 언제나 존재하며 절대 사라지지 않는 것이다. 음과 양, 낮과 밤, 남과 여, 일과 가정, 엄격한 훈육과 다정한 보살핌…… 원래 세상은 온갖 충돌로 가득하다. 각종 모순과 갈등이 어디에나 존재하지만, 그 자체가 문제는 아니다. 진짜 문제는 나의 선택을 얼마나 강단 있게 꿋꿋이 밀고 나갈 수 있는가다.

만약 당신이 '욕심 있는 사람'과 '욕심 없는 좋은 사람' 중 어느 한쪽을 택해서 그 선택을 강단 있게 밀고 나간다면 고통 따위를 느낄 이유가 없다. 문제는 자기 욕심도 채우면서 동시에 대외적으로는 욕심 없는 선한 이미지를 유지하고 싶은 마음, 손해를 보고 싶지 않으면서도 관대하게 보이고 싶은 마음이다. 이는 많은 피플 플리저가 일종의 '선택 장애'를 겪는 이유이기도 하다.

왜 이런 문제가 생길까? 자신이 무엇을 원하는지 몰라서일 수도 있고, 욕심이 과한 나머지 두 마리 토끼를 다 잡으려고 해서일 수도 있으며, 어느 한쪽을 선택했을 때 따라오는 책임을 지고 싶지 않아서일 수도 있다. 이유가 무엇이든 살아가면서 우리는 반드시 선택해야 하고 그에 따른 현실을 받아들여야 한다. 한 사람이 이기적이면서 동시에 이타적일 수는 없다. 마치 모든 걸 단념한 동시에 희망을 품을 수는 없듯이.

그러니 우리는 자신의 가치관이 무엇인지 정확히 알고 용감하게 그에 따른 책임을 져야 한다. 이기적으로 살기를 선택했으면 모두를 향해 단호하게 그렇게 말하면 된다. "**나는 내 만족이 우선인 사람이에요. 이게 내 선택이죠. 당신이 이런 나를 좋아하든 싫어하든 신경 쓰지 않아요.**"

세상은 원래 온갖 충돌로 가득하다. 하지만 독립적으로 판단하고 선택하며 자신의 가치관에 대해 책임질 만큼 내면이 충분히 강하기만 하면 그 어떤 것도 당신을 옭아맬 수 없다.

방법3: 딱 잘라 거절하는 '강단 있는' 사람이 된다

시중에 거절의 기술을 알려주는 책이나 영상은 이미 넘칠 정도로 많다. 대표적인 방법인 '미루기'는 타인의 부탁을 딱 잘라 거절하기 어려울 때 흔히 쓰는 전략이다. 일단 겉으로는 "그럼! 당연히 도와줄 수 있지!"라고 말하면서 속으로는 재빨리 이 부탁의 기한을 예측해 본다. 만약 오늘까지 해야 하는 일인 것 같으면 "그런데 내가 오늘 바빠서 시간이 없네. 대신 내일 많이 도와줄게!"라고 말하고, 이번 주에 끝내야 하는 일로 보이면 "이번 주는 다른 일이 있어서 좀 어렵고, 다음 주에 같이 하자!"라고 말하는 식이다.

미리 '만능 핑계' 몇 개를 만들어두고 거절할 상황이 되면 적당한 것으로 골라 쓰는 방법도 있다. 예를 들어 퇴근 후에 영업 활동을 요구받으면 "어머, 죄송해서 어쩌죠. 우리 남편 성격 아시죠? 늦게 들어가면 난리 나요"라고 말하고, 일을 도와달라는 동료에게는 "아이고, 내 일도 다 못 했어!"라고 말한다. 여러 번 연습해서 즉각적인 반응 패턴으로 만들어두어야 더 효과적이다.

이런 방법들은 분명히 어느 정도 도움이 되므로 피플 플리저 성향이 강한 사람이라면 일상생활에서 적절히 시도해봐도 나쁘지 않다. 다만 이른바 '거절의 기술'은 효과가 상당히 제한적이다. 무엇보다 피플 플리저가 안고 있는 가장 근원적인 문제를 극복하는 데는 전혀 도움이 되지 않는다.

타인을 거절하지 못하는 까닭은 사회 경험이나 사교술이 부족해서가 아니다. 다른 사람을 도와서 호감을 얻고 인정받으려는 내면의 욕구가 본성에 있는 이기심과 서로 균형을 맞추지 못하고 충돌하기 때문이다. 도와주기를 미루면서 회피할수록, 구구절절 이유를 찾을수록 내면의 충돌은 더 심해지고 고통도 커진다. 진정으로 피플 플리저 성향의 굴레를 벗어던지고 과감하게 타인을 거절하고 싶다면 거절의 기술이 아니라 처음부터 딱 잘라 거절하는 법을 배워야 한다.

"미안한데 지금은 도와줄 수가 없어", "그건 좀 어렵겠습니다", "죄송하지만 저는 싫어요"…… 거절은 이렇게 간단해야 한다. 기억하자. 내가 거절의 이유를 찾을수록 자신감은 떨어지고, 자신감이 없어 보일수록 상대방은 더 쉽게 화를 내거나, 죄책감을 유발하거나, 애걸복걸하는 방식으로 압박해올 것이다. 그럴수록 나는 점점 더 겁을 먹고 거절은 결국 실패로 돌아가고 만다. 반대로 가타부타 이유를 대지 않고 딱 잘라서 '하고 싶지 않다'는 의사를 표시하면 그 단호한 모습을 본 상대방이 더는 귀찮게 하지 않을뿐더러 나도 자기 내면의 힘을 느낄 수 있다. 나중에라도 시간이 나면 꼭 돕겠다든지, 내가 안 쓸 때 꼭 빌려준다든지 같은 말을 덧붙일 필요도 없다. 절대 스스로 자신을 어딘가에 저당 잡혀서는 안 된다.

여기에 간단하게 덧붙인다면 상대방에게 공감해주거나 해결 방법을 제공하는 방식이 좋다. 예컨대 동료가 바쁜 일을 도와달라고 부탁하면 우선 딱 잘라 거절한 후에 "일이 많아서 요즘 스트레스가 심하지? 세상에 쉬운 일이 없다니까!"라고 말하는 식이다. 상대방은 당신이 건넨 공감의 언어에서 공감을 얻고 응원받았다고 느낄 것이다. 아니면 "그런 일을 전문적으로 다루는 웹사이트를 알려줄게!"라며 구체적인 아이디어를 제공해도 좋다. 물고기를 주기보다 물고기를 잡는 법을 알려주는 편이 더 낫다고 하지 않는가! 어쩌면 직접 돕는 것보다 유용한 해결 방법을 제시하는 편이 상대방과의 관계를 더 돈독하게 만들지도 모른다.

거절은 딱 잘라 하는 것 말고는 다른 지름길이 없다. 너무 걱정할 필요는 없다. 사람들은 늘 고개를 끄덕이기만 하는 '무른 사람'보다, 내면이 강해서 타인을 거절할 수도 도울 수도 있으며 자신도 사랑하고 타인도 사랑하는 '강단 있는 사람'을 훨씬 더 좋아한다.

NOTE

○ 핵심 문제: 거절하려면 심장이 두근거린다.

○ 원인

　　▲ 나약한 그: 거절은 그에게 상처를 준다.

　　▲ 나약한 나: 거절은 그를 화나게 한다.

　　▲ 나약한 관계: 거절은 관계를 끝낸다.

○ 결과: 극심한 피로와 깊은 좌절

○ 솔루션 제안

　　▲ 마음속 어린아이를 치유한다. 내면의 소리에 귀를 기울여 불합리한 믿음을 식별하고 더 성숙한 방식으로 사랑과 안전에 대한 욕구를 충족한다.

　　▲ 선택한다. 자신의 가치관을 확실하게 파악하고 용감하게 책임을 지며 단호히 선택해야 한다.

　　▲ 딱 잘라 거절한다. 거절의 이유가 아니라 자신에게 맞는 거절의 방식을 찾는다. 타인을 사랑하고 자신은 더 많이 사랑한다.

✦ 제 2 장 ✦

무조건 동의하는 사람들

✦

신웨. 28세, 사무직. 독서를 좋아하며 조용히 생각에 잠기기를 즐긴다. 누가 봐도 속이 깊은 성숙한 여성이지만, 말을 똑 부러지게 하지 못해 고민이 많다. 그녀는 진짜 속마음을 말하는 일이 참 어려운 사람이다.

원래는 퇴근 후에 집에 가서 뜨거운 물로 샤워하고 책을 읽으면서 여유롭고 편안한 저녁 시간을 보내려다가도, 동료가 같이 쇼핑하고 노래나 부르러 가자고 하면 차마 거절할 수가 없다. 나는 그냥 혼자 조용히 쉬고 싶다는, 그것이 내게는 더 즐겁고 바라는 일이라는 말이 도무지 나오지 않는다. 그래서 결국 하는 말이라고는 "좋아, 그러자!"라는 맞장구뿐이다.

가족이나 친구들과 외식할 때, 분명히 담백한 음식이 당기는데도 누군가 아주 맵고 자극적인 음식이 어떻겠냐고 물으면 신웨는 늘 이렇게 말한다. "좋아! 나는 아무거나 잘 먹으니까 네가 주문해!"

직장에서는 또 어떤가? 신웨에게도 독창적인 아이디어가 많지만, 이 아이디어들은 한 번도 입 밖으로 나온 적이 없다. 늘 상사가 시키는 일을, 하라는 대로 따라 하기만 한다. "네, 네, 알겠습니다, 가능합니다, 좋아요……." 신웨는 절대 다른 의견을 내놓지 않는다.

한편으로는 이런 생각도 든다. '내 진심을 말하지는 못했지만, 그렇다고 딱히 무슨 손해를 보지는 않잖아⋯⋯.' 따지고 보면 그렇다. 동료들과 퇴근 후에 노는 거야 많아봤자 일주일에 한두 번뿐이고, 같이 일하니까 좋은 관계를 유지할 필요가 있다. 조금만 참으면 금방 끝나는 일이다. 담백한 음식이 먹고 싶으면 다음에 혼자 가서 먹으면 된다. 다른 사람들과 있을 때는 서로 배려하면서 맞춰야 하니까. 또 직장에서 업무를 진두지휘하는 사람은 상사다. 아이디어를 내도 채택된다는 보장이 없는데 뭐 하러 시간을 낭비하는가? 주어진 업무를 완벽하게 해내기만 해도 충분하다.

동시에 다른 한편으로는 은근히 어딘가 불편한 느낌이 있다. 늘 답답하고, 주변에 믿을 만한 친구가 없다. 심지어 가끔은 알 수 없는 분노, 수치심, 공포감마저 든다. 이건 뭐지? 신웨는 곰곰이 생각해봤지만, 이 정신적 고통이 '무조건 동의'를 외치는 자신의 태도와 관련 있다는 사실을 전혀 알아채지 못했다.

자 기 억 압

'무조건 동의'의 본질은 자신에 대한 억압이다. 고유한 취향과 생각이 있어도 이런저런 이유로 끝내 말하지 않는다면 스스로 자신의 주관을 억압했기 때문이다. 타고나기를 조용하고 평온한 사람인데, 단지 사람들과 어울려야 하니까 사교활동에 적극적으로 나선다면 이는 자신의 본성을 억압한 것이다. 눈부시게 빛날 능력이 충분한데도 숨기고 드러내지 않는다면 이는 자신의 재능에 대한 억압이다.

원래 생명체는 본능적으로 밖을 향해 뻗어나가려고 한다. 작은 씨앗이 어떻게 싹을 틔우는지만 봐도 충분히 알 수 있는 이치다. 하지만 늘 남들에게 무조건 동의를 외치는 피플 플리저는 싹을 틔우려는 씨앗을 묵직한 돌덩이로 눌러놓은 듯 스스로 자신을 압박하며 숨쉴 틈을 주지 않는다.

억압된 주관: 내 생각을 드러내면 위험해진다

사람은 기본적으로 '더 이롭게, 덜 해롭게'라는 원칙에 따라 행동하며 '무조건 동의' 역시 예외가 아니다. 다른 사람에게 무조건 동의해주면 수치심, 스트레스, 공포를 피할 수 있는 이점이 있으니 그렇게 하는 것이다.

✦ 수치심 회피

일단 자기 생각을 드러내면 제안이나 요구를 거절당할 가능성이 생겨난다. 예컨대 신웨가 "나는 담백한 요리가 먹고 싶어"라고 말해도 상대방은 "그런 게 뭐가 맛있어!"라면서 싫다고 할 수 있다. 또 직장에서 신웨가 "제게 더 효율적인 방법이 있는데요"라며 설명해봤자 상사의 반응이 꼭 좋으리란 법은 없다. "형편없는 생각이군. 그냥 시키는 일이나 잘하지 그래? 아직 좀 더 배워야 할 단계니까 말은 줄이고 일을 더 많이 하도록!" 물론 이런 반응들은 조그만 가능성에 지나지 않지만, 자칫 엄청난 수치심을 불러올 수 있다. 이 수치심을 피하는 가장 간단한 방법은 아예 자기 생각을 말하지 않고 무조건 동의하는 것뿐이다.

　수치심을 피하려는 마음이 꼭 나쁜 것은 아니다. 예상대로 절대다수가 부정적 반응을 보일 것이 분명한 상황이라면 무조건 동의도 좋은 대응 방식이 될 수 있다. 문제는 수치심을 느끼게 만드는 반응을 보이는 사람이 실제로는 극소수에 불과한데, 정작 나는 모든 사람이 그러리라고 지레짐작해서 누구에게나 무조건 동의 전략을 구사한다는 데 있다.

　이러한 오판은 오래된 '자기대상 경험', 즉 유아기에 부모나 주 양육자와 상호작용했던 경험에서 비롯한다. 항상 남에게 맞추고 다른 사람의 감정이 상하지 않게 노력하는 피플 플리저는 보통 '유해한' 부모가 있었을 확률이 높다. 이런 부모들은 아이의 생각과 요구에 늘 거칠고 부정적인 태도를 보인다. 아이가 고무찰흙을 사고 싶다고 하면 "고무찰흙? 고무찰흙이라고? 이것 좀 봐, 글자를 이렇게 다 틀리게 써놓고 고무찰흙을 사고 싶다는 말이 나오니?"라며 쏘아붙인다. 또 아이가 "텔레비전에서 봤는데 조미료가 건강에 안 좋대요. 우리도 음식에 조미료를 넣지 말아요"라고 하면 대뜸 비꼬기부터 시작한다. "너는 참 모르는 게 없구나! 벌써 12년째 조미료를 넣은 음식을 먹었는데 억울해서 어쩌니? 조미료를 안 넣고 음식을 어떻게 만들어? 그렇게 걱정되면 직접 해보든지!" 아이는 그저 고무찰흙을 가지고 싶고 새로 알게 된 지식을 공유하고 싶었을 뿐인데 돌아온 것은 부모의 꾸중과 놀림뿐이다. 이는 곧 '내가 너보다 위'라는 강한 암시이며 아이는 여기에서 커다란 수치심을 느낀다.

피플 플리저의 자녀가 부모와의 소통을 꺼리는 경우가 많은 것도 자기대상 관계의 연장으로 이해할 수 있다. 어린 시절에 부모로부터 아이의 생각과 요구를 철저히 부정하는 방법을 습득한 사람은 나중에 자연스럽게 이를 자신의 아이에게도 적용한다. 그러면 이 아이 역시 잠재적 피플 플리저가 되어 치유되지 않은 상처와 고통이 대물림된다. 여기까지 읽었다면 이제 책장을 넘기는 동작을 내가 청한 축하의 악수로 받아들여주기 바란다. 피플 플리저 성향이 만들어내는 고통을 당신에게서 끝내겠다고 결심해주어 고맙다. 당신이 자신을 치유하면 온 가족이 치유될 수 있다.

✦ 스트레스 회피

원하는 것을 말하면 내가 한 말에 대한 책임을 져야 한다. 직장에서 어떤 의견을 내면 이는 내가 그만한 능력이 있고, 게다가 아주 잘 해내리라는 것을 의미한다. 또 모임에서 내가 먹고 싶은 음식을 말하면 이 음식이 맛이 없을 위험을 감수해야 한다.

이런 상황은 피플 플리저의 심적 스트레스를 은근히 증가시킨다. 애초에 의견을 말하지 않으면 일을 잘 해내지 못해도 상사의 업무 배분이나 계획에 문제가 있었기 때문이라고 말할 수 있다. 주문할 때

끼어들지 않고 가만히 있으면 음식이 입에 안 맞을 때 상대방의 센스를 흉볼 수 있다. 괜히 자기 생각을 말했다가는 다른 사람에게 책임을 돌릴 수 없게 된다.

이런 행동 방식이 피플 플리저가 느끼는 스트레스를 어느 정도 완화하고 일시적으로 책임을 회피하는 데는 분명히 도움이 되지만, 실생활에서 자칫 큰 문제가 될 수 있다. 음식을 주문할 때 가만히 있다가 입에 안 맞으면 주문한 사람을 탓할 수 있겠지만, 애초에 다른 사람이 주문한 음식이 직접 주문한 음식보다 입에 맞을 확률이 얼마나 되겠는가? 인생에서 중요한 선택을 할 시기에 부모님 뜻을 군말 없이 따르면 나중에 일이 잘 안 풀릴 때 부모님을 원망할 수 있다. 그러나 타인이 선택한 삶을 스스로 선택한 삶보다 더 열정적으로 살리 만무하다. 자기 의사를 표현하지 않으면 '내 의견이 아무에게도 선택받지 못하는' 실망감을 피할 수는 있지만, 동시에 삶을 더 낫게 만들 기회를 놓치는 셈이다.

러시아의 대문호 톨스토이는 "열정이 없는 사람은 어떤 일도 이룰 수 없고, 그 열정의 근간은 책임감이다"라고 말했다. 스트레스를 해소하는 방식으로 무책임을 선택한다면 열정이나 성취 같은 좋은 것들도 점점 더 멀어진다.

지금껏 자기 삶을 책임지고 싶지 않은 어린아이로 살아왔다면 이제는 성장을 시작해야 할 때다!

✦ 공포감 회피

피플 플리저에게 타인보다 나의 만족을 중요시하는 태도는 타인에 대한 일종의 공격과 다름없다. 친구와 둘이서 세 가지 음식을 주문할 때, 각자 하나씩 고른 후 내가 나머지 하나를 고르면 친구는 맛보고 싶은 음식 하나를 못 먹게 된다. 이런 상황에서 피플 플리저는 자신이 상대방의 이익을 훼손했다는 느낌에 내내 불편하다. 부모님은 위험한 세상이니 늘 사람을 경계하라는데 당신이 보기에 세상은 아름다우며 사람들은 대부분 선하다. 그렇다고 이런 생각을 입 밖으로 꺼내면 꼭 일부러 어깃장을 놓는 것 같으니 가만히 있는다. 피플 플리저에게 다른 의견과 다른 관점은 전부 모순이다. 모순은 충돌이고, 충돌은 무섭고 감당할 수 없으므로 반드시 피해야 한다.

억압된 본성: 남들과 같아야 안전하다

자기 주관을 억압하면 좀 불편하기는 해도 자괴감까지 들지는 않는다. 주관, 즉 나의 의견이나 나의 관점은 의식 영역에 존재하는 것이 대부분으로, 이를 억누르는 것은 사회적 기능이 정상인 사람이라면 누구나 적절히 발휘하는 능력이다. 예를 들어 속으로 상사를 욕할 수는 있어도 밥그릇을 지켜야 하니까 절대 입 밖으로 꺼내지는 않는다.

또 좋아하는 상대가 거절 의사를 분명히 밝히면 슬프더라도 좋아하는 마음을 억누르고 더는 귀찮게 하지 않는다. 이처럼 의식 영역에 있는 의견과 관점을 억누르는 일은 누구나 흔히 하는 행위인데, 다만 피플 플리저는 그 정도가 다소 과할 뿐이다. 주관에 대한 억압으로 입는 피해는 기껏해야 '고통'에 그쳐야 하며, '상처'가 되어서는 안 된다. 사람을 진짜 상처투성이로 만드는 것은 본성에 대한 억압이다.

✦ 못난 나를 들키고 싶지 않아

언뜻 보기에는 피플 플리저가 남의 말에 무조건 동의하는 이유가 자기 의견이나 관점을 억누르기 때문인 것 같지만, 사실 본질은 따로 있다. 이들은 자신을 있는 그대로 받아들이지 않는다.

신웨가 퇴근하고 놀러 가자는 동료에게 집에 가서 혼자 책을 읽고 싶은 마음을 말하지 못하는 상황이 좋은 예다. 퇴근하고 곧장 집에 가서 혼자 있는 것은 타인의 이익을 전혀 훼손하지 않는 일이지만, 자신이 '사교적이지 않은 내 성격에 문제가 있다'고 생각하기 때문에 도무지 말이 안 나오는 것이다. '사교도 꽤 중요한 업무 능력 중 하나야, 내향적인 사람은 어디에서도 환영받지 못해, 사람들과 어울려야 친구를 사귀지, 나는 성격을 좀 외향적으로 바꿔야 해…….' 진짜 원하는 걸 말하고 싶을 때마다 이런 훈계들이 계속 머릿속에 떠오른다.

타고난 성격이 내향적이고 사교에 흥미가 없는데 굳이 외향적이고 사교에 능한 사람이 되려고 애쓴다면 이는 스스로 '내 성격은 안 좋은 것, 내게 없는 성격이 좋은 것'이라고 여긴다는 의미다. '진짜 나' 는 좋지 않으니까 무조건 동의를 외쳐서 사람들이 볼 수 없게 꼭꼭 숨겨야 한다.

이는 매우 심각한 자기 파괴적인 삶의 방식이다. 들꽃 한 송이로 피어나면 충분한 사람인데 굳이 화려한 꽃나무가 되겠다고 고집을 부리면서 몸부림쳐봤자 결국 뿌리째 뽑히는 비참한 최후만 맞이할 것이다.

✦ 나도 내가 누군지 잘 모르겠어

'나는 성격에 문제가 있다'라는 믿음을 고수하는 것만으로 이미 심 각한 상황인데 여기에 설상가상으로 '사실 나는 내 성격이 뭔지도 잘 모르겠다'라는 지경까지 갔다면 진짜 큰일이다.

'나도 내가 누군지 잘 모르겠다'라는 자기 인식은 현대 사회의 생 활방식이 낳은 결과이기도 하다. 삶의 속도가 훨씬 느렸던 500년 전 을 상상해보자. 술을 사러 가면 가게 주인은 나를 자세히 살펴보면 서 '사람'으로 대우한다. 내가 금팔찌를 차고 있으면 오래 숙성한 좋 은 술을 권할 테고, 여기저기 꿰맨 자국이 잔뜩 있는 옷을 입었다면 마을 주민이 담근 술을 내온다. 물론 하나라도 더 팔려는 심산이겠 지만, 가게 주인은 손님을 최대한 만족시키기 위해 요리조리 기분을 살피고 체면을 세워주려 할 것이다. 그런데 지금은 어떤가? 술을 사러 환하게 조명을 켠 쇼핑몰에 들어가면 가지런히 진열된 제품들이 하나같이 좋아 보인다. 하지만 쇼핑몰 대표에게 나는 연말 업무 보고서에 등장하는 수십만 명의 고객 중 한 명이고, 쇼핑몰 직원에게 나는 그저 서비스를 제공해야 하는 대상에 지나지 않는다. 현대 사회에서 모든 사람은 표준화된 작은 톱니바퀴에 불과해서 늘 걱정이 많고, 불안하며, 좀처럼 의심을 거두지 않는다. 아무도 신경 쓰지 않기 때문에 아무도 내가 누구인지 알아보지 못한다. 아무도 알아보지 않기 때문에 나도 내가 누구인지 모른다!

이렇게 생각할 수도 있다. 500년 전에는 아버지가 농부면 자식도 태어나면서부터 농부고, 아버지가 목수면 자식도 태어나면서부터 목수였다. 그때는 자라면서 자연스럽게 내가 누구인지 알 수 있는 시대였다. 반면에 열심히 하면 무엇이든 될 수 있다는 생각이 뿌리내린 현대에는 상황이 달라졌다. 우리는 무엇이든 될 수 있다. 그 말은 곧 지금 우리는 그 무엇도 아니라는 의미다.

현대의 생활방식으로 말미암은 '나는 누구인가?'라는 혼란 속에서 '타인과의 일치'는 상당히 절박한 문제가 되었다. 이제 사람들은 더 이상 자신을 찾지 않는다. 대신 무조건 동의하는 방식을 선택해 기꺼이 집단의 일원으로 변모한다. 내가 누구인지는 잘 몰라도 일단 남들과 똑같으면 안전하다고 느끼기 때문이다. 사람이 많아야 힘이 생기고, 법은 대중을 심판하지 않는다고 했다. 이것이 바로 '동조행동'의 기본 논리다.

하지만 자신을 타인에게 일치시킴으로써 안전을 추구할수록 너무 쉽게 자신을 잃어버리게 되고, 자신을 잃어버릴수록 어떻게든 타인과 더 일치해서 안전감을 얻으려는 악순환에 빠지게 된다. 평생 자신을 찾지 않고 무조건 다른 사람에게 맞춰 살다니, 이보다 더 실패한 인생이 있을까?

억압된 재능: 튀지 않아야 더 많이 사랑받는다

사람이 주관과 본성을 억누르고 나면 드러낼 만한 재능도 이미 남아 있지 않다. 뭐, 그래도 괜찮다. 어차피 바라던 바다.

✦ 눈에 띄면 위험하다

피플 플리저에게는 자신의 재능을 드러내는 것이 조마조마해서 견디기 힘들 정도로 대담한 일이다. 이런 사람들은 직장에서 의견을 말하는 자신을 상상만 해도 가슴이 마구 쿵쾅거린다. '괜히 나섰다가 동료들이 나를 멀리하면 어쩌지, 상사가 보기에 너무 설치는 것 같지 않을까……' 여러 사람 앞에서 독창적인 아이디어를 제안할 생각을 하면 너무나 무섭다. 사람들이 냉랭한 말투로 대단하다느니, 역시 잘난 사람은 다르다느니 같은 말을 할까 봐 걱정된다. 그러니까 따지고 보면 정말 두려운 것은 다른 게 아니라 타인의 시기다.

타인의 시기에 대한 두려움은 타인을 시기하는 내면이 투사된 결과다. 쉽게 말해서 자기가 남들을 시기하니까 그들도 그러리라고 여기는 것이다. 그렇다면 피플 플리저의 내면은 대체 왜 그렇게 타인에 대한 시기로 가득 차게 되었을까?

이해하기 어려운 이야기는 아니다. 피플 플리저가 보기에 다른 사람들은 늘 자기 요구나 의견을 어려움 없이 잘 말하고 본성을 마음껏 드러내면서 참 편안하고 자유롭게 산다. 반면에 자신은 나는 성격이 별로라느니, 어차피 원하는 대로 되지도 않는다느니, 아무도 나에게 공감해주지 않을 거라느니 하는 생각과 믿음으로 내면을 잠식당해 잔뜩 주눅 들고 아예 자신을 잃어버린 채 살고 있다. 이러니 시기를 안 하려야 안 할 수가 없다.

피플 플리저는 이처럼 고통스러운 자기 내면을 다른 이에게 투사한다. 남들도 자신을 시기하리라 확신하기에 철저히 재능을 숨겨서 그 불길에 상처 입지 않으려고 한다. 정작 시기의 불길은 다른 곳이 아니라 자신의 억눌린 내면 깊은 곳에서 활활 타오르고 있음을 전혀 알아차리지 못한다.

✦ 착한 아이만 사랑받는다

이 글을 쓰는 나 또한 피플 플리저로서 '말을 잘 듣는 것'이 사랑받을 수 있는 유일한 방법이라고 굳게 믿고 살아왔다. 몇 년 전, 아버지는 내게 자랑하듯이 말씀하셨다. "너는 어렸을 때부터 말을 정말 잘 들었어. 어른들이 한번 안 된다고 말한 일은 절대 하지 않았지." 나는 아버지가 환하게 웃는 모습을 보면서 내가 저 흐뭇한 웃음을 보려고 어렸을 때부터 지금까지 어떤 믿음들을 갖고 살아왔는지 생각했다.

예컨대 이런 믿음들이다. 부모님 말씀을 잘 따라야 행복하게 살 수 있다, 시키는 대로 해야지 부모님이 좋아한다, 말 잘 듣는 아이가 되어야 부모님이 다정하게 바라봐줄 것이다, 순종해야 사랑받을 수 있다……

그래서 나는 원래 있던 툭 튀어나오거나 뾰족한 모서리를 매끄럽게 다듬어 부모님에게 무조건 동의를 외치는 '말 잘 듣는 착한 아이'가 되었다. 그렇게 해서 나는 정말 사랑을 받았을까? 아니다. 부모님이 나를 사랑해주지 않았다는 뜻이 아니라, 내가 이미 알고 있다는 의미다. 그들이 사랑하는 것은 '진짜 나'가 아니라, 그 '착한 아이'라는 사실을.

억압의 쓴맛: 아무리 억눌러도 사랑은 늘 부족하다

일말의 왜곡된 안전감, 편안함, 사랑을 얻으려고 자신의 주관, 본성
그리고 재능까지 전부 억누르는 사람은 정작 사랑이 충만한 관계를
잃게 된다.

✦ '진짜 나'는 사랑받을 기회조차 없다

남에게 무조건 동의하면서 그를 만족시키려고 애쓰는 사람은 '진짜
나'를 숨기고 허구의 가면을 쓴 채 살고 있을 확률이 높다.

지인 중에 '파티 프린세스'로 불리는 젊은 여성이 있다. 어떤 모임
이든 준비하고 참석하는 데 열심이고, 현장에서도 절대 얌전히 있지
않으며 늘 흥겹게 분위기를 띄우는 사람이다. 워낙 유명인사라 모임
을 여는 사람이라면 누구나 잊지 않고 그녀를 꼭 초대한다.

한번은 이 '파티 프린세스'가 내게 사실 자신은 사람이 많은 장소
를 싫어한다고 털어놨다. "모임에 다녀올 때마다 기진맥진해요. 꼭 힘
든 전투라도 치르고 온 것 같은 느낌이죠. 그래도 어쩔 수 없어요. 나
는 파티 프린세스고, 그래야 사람들이 나를 좋아하니까요."

누구나 자신의 나쁜 본성을 숨기고 자기가 이상적이라고 생각하
는 이미지로 타인과 사교한다. 여기에는 두 가지 상황이 이어질 수
있다. 하나는 내가 보여준 '가짜 나'를 상대방이 별로 좋아하지 않아

서 자기 본성으로 되돌아가는 것이다. 다른 하나는 상대방이 '가짜 나'를 무척 마음에 들어 해서 계속 이 가면을 쓴 채로 사는 것이다.

우선 첫 번째 상황이 출현할 가능성은 무척 낮다. 절대적으로 완벽한, 누구나 반드시 좋아하는 성격이란 존재하지 않으며 어떤 가면을 썼든 분명히 좋아하는 사람이 있기 때문이다. '가짜 나'를 내세우기로 한 순간, 되돌리기는 이미 늦었다고 보면 된다. 물건이든 사람이든 유유상종인 법이다. 내가 본성을 숨기고 대외적으로는 굉장히 사교적이고 활동적인 모습을 보이면, 주변에 '진짜 나'였다면 어울리지 않았을 외향적이며 활달한 사람들이 모일 것이다. 이때부터는 정말 멈출 수 없으며 '진짜 나'를 과감하게 드러내는 일 따위는 시도조차 어렵다. 스스로 만든 '가짜 나'가 이미 내 주변에서 '진짜 나'를 좋아할 만한 사람들을 전부 치워버렸기 때문이다.

이렇게 해서 두 번째 상황으로 이어지겠지만, 이렇게 만들어진 관계에서 만족감을 얻기는 불가능하다. 내가 받는 사랑과 찬사는 모두 대외적으로 보이는 '가짜 나'가 얻어낸 것들이며, 단 한 번도 남들과 제대로 어울려본 적 없는 '진짜 나'는 경험해보지도 못하기 때문이다. 자신을 다른 사람으로 만들어서 얻은 관심과 사랑이 만족스러울 리 있을까? 진정한 사랑을 느낄 수 없다면 어떻게 그 관계가 더 깊이 계속될 수 있겠는가?

✦ '진짜 나'로 살기

'가짜 나'를 내세워 맺은 관계에서는 자연스러운 사교의 즐거움을 얻을 수 없다. 원래 차분하고 조용한 사람이 '진짜 나'를 이용해 역시 차분하고 조용한 사람과 친구가 되면 큰 문제가 없다. 각자 혼자 시간을 보내다가 가끔 만나서 최근 읽은 책에 대한 감상 등을 주고받는 식의 패턴으로 교류하면 된다. 이런 관계는 양쪽 모두 편안하고 안정적이다. 그런데 이 사람이 '진짜 나'를 버리고 대신 활달하고 사교성이 좋은 '가짜 나'를 내세워 마찬가지로 '잠시도 혼자 있지 못하는 사람'과 친구가 되면 어떨까? 상대방에게 맞추느라 내가 힘들거나 내게 맞추라고 타인을 들볶는 모순적인 관계가 될 확률이 높다. 결과적으로 이 관계는 양쪽 모두 괴롭고 갈등이 끊이지 않는다. 이런 관계에 빠진 사람은 서서히 지쳐가고 죄책감을 느낀다. 양측이 모두 피로한 관계에서 무슨 사랑이 오고 가겠으며, 진심으로 사랑하지 않는데 어떻게 사랑이 가득한 관계가 되겠는가?

독일 철학자 니체는 이렇게 말했다. "삶을 좀 더 대담하고 모험적으로 살아도 좋다. 어차피 곧 잃게 될 테니까. 삶은 당신을 이해해주는 사람이 없어서가 아니라 스스로 자신을 이해하지 못하기 때문에 더 어렵고 힘들다." 그렇다. 조금 과감해도 된다. 본성에 따라 '진짜 나'로 살라는 것은 쉽게 던지는 그럴싸한 말이 아니다. 모든 사람이 반드시 돌아가야 하는 가장 소박한 삶의 자세다.

가장 진실한 나를 보인다

정리하자면 피플 플리저가 자기 의사와 상관없이 남에게 무조건 동의하는 까닭은 두 가지다. 하나는 '진짜 나'를 드러내면 타인이 싫어한다고 여겨서고, 다른 하나는 자아상이 견고하지 않아서 스스로 자신을 받아들이지 못하기 때문이다. 어떻게 하면 타인이 싫어하지 않는 수준에서 '진짜 나'를 보여줄 수 있을까? 또 어떻게 해야 견고한 자아상을 만들어 자신을 있는 그대로 인정할 수 있을까?

방법1: 부드럽게 비동의한다

피플 플리저 성향이 있는 사람은 상대방에게 동의하지 않고 자기 의견을 솔직히 말하면 분명히 이런 상황이 벌어지리라 생각한다.

　친구가 허락도 없이 자기 물건을 가져다 쓰는 동료를 험담한다. 이 동료가 평소에도 서슴없이 남을 이용하고 종종 선을 넘는 짓을 한다면서 아무래도 사회성이 부족해 보인다는 것이다. 이야기를 들은 내가 거침없이 말한다. "그러니까 그 동료가 네 계산기를 썼으니 너를 이용했다는 거야? 내가 보기에는 네가 너무 속이 좁아! 이게 말할 거리나 되니? 나 같으면 그런 건 가져다 쓰든 말든 신경도 안 쓰겠다!" 아마 내가 이 말을 절반도 채 하기 전에 둘 사이의 우정은 이미 끝났을 것이다.

시어머니가 아이가 아직 어리니 어린이집에 보내지 말라고 한다. 아무리 좋은 곳이어도 어린이집 교사가 가족보다 아이를 더 잘 볼 리는 없다는 이유에서다. 나는 도저히 그 말에 동의할 수가 없어서 말한다. "네, 그럼 어린이집에 안 보낼 테니까 아이는 어머님이 보세요. 제발 모르는 소리 좀 그만하시고요!" 이렇게 해서 집안에 전쟁이 시작된다.

상대방의 의견이 자기 의사에 반해 동의하고 싶지 않을 때, 그건 아니라는 의사를 전달해야 한다면 무조건 동의도 나쁘지 않은 선택이다. 다만 'A 아니면 B' 식으로 단순하게 접근하지 말고, 동의하지 않는다는 의사를 부드럽게 전달해야 한다. 즉 상대방의 관점은 무시하되, 그의 감정에 무조건 동의해보자!

"그 사람이 네 물건을 자꾸 가져다 쓰면 기분이 좋을 수가 없지", "어린이집에서 아이를 제대로 돌봐주지 않을까 봐 걱정되시죠" 같은 말로 상대방의 감정을 알아봐주면 된다. '걸핏하면 내 계산기를 가져다 쓰는 동료는 나쁜 놈', '아이가 좀 더 커야 어린이집에 보낼 수 있다'라는 관점에 동의하기 어렵다면 그냥 넘어가면 된다. 원래 관점이란 개인의 생각에 지나지 않는다. 두리안 하나를 두고도 어떤 사람은 맛있다고 하고, 어떤 사람은 끔찍한 맛이라고 한다. 또 예전에는 그 냄새가 싫어서 근처에도 못 갔는데 지금은 없어서 못 먹는다는 사람도 있다. 이런 생각의 차이가 무슨 논쟁할 거리라도 되는가? 그런데도 피플 플리저들은 두리안이라면 냄새도 못 맡으면서 혹여 상대방이 실망할까 봐 "맞아, 맞아! 정말 맛있지!"라면서 맞장구를 친다. 심지어 믿음을 주려고 보는 앞에서 한입 베어 물기까지 한다.

타인의 관점이 아무리 마음에 안 들고 미심쩍어도 그의 감정까지 부인할 수는 없다. 친구는 동료가 함부로 자기 물건을 써서 불만이고, 시어머니는 아이가 돌봄을 제대로 못 받을까 봐 걱정이다. 불만과 걱정, 이런 감정들은 모두 진실하며 남들이 꾸짖거나 허락하고 말고 할 것이 아니다. 그러므로 동의할 수 없는 관점은 한쪽으로 치워두고, 상대방의 감정에 초점을 맞춰야 한다.

관점이 아니라 감정에 동의하는 방법은 사교에서 무척 유용하게 쓰인다. 이 방법을 적용하면 자신과 상대방 모두 억울하거나 기분 상할 일이 없는 동시에 적절한 거리감을 유지하면서 상대방의 감정을 부드럽게 다독일 수 있다. 무엇보다 좋은 점은 이 방법으로 주변 사람들과 더 친밀한 관계를 쌓을 수 있다는 사실이다. 공감을 얻고 사랑받는 느낌을 거부할 사람은 없다.

방법2: 감정으로 표현하지 말고, 감정을 표현한다

진짜 원하는 바를 표현하기 어려울 때도 마찬가지로 하면 된다. 피플 플리저는 자신이 진짜 원하는 바를 말하면 분명히 다음과 같이 되리라 생각한다.

동료가 퇴근 후에 같이 쇼핑하고 영화도 보자는데 사실 나는 얼른 집에 가서 뜨거운 물로 샤워하고 조용히 혼자 책이나 읽고 싶다. 그래서 솔직하게 "퇴근하고 쇼핑하면 재밌어? 나는 싫어, 그런 쓸데없는 일로 시간을 낭비하고 싶지 않아!"라고 말했더니 동료가 무척 기분 나빠했다. "그럼 뭘 해야 시간 낭비가 아니야? 가기 싫으면 말지, 뭘 그렇게까지 말해!"

상사가 몇 가지 업무를 주면서 동시에 진행하라고 지시했다. 하지만 나는 멀티태스킹이 서툰 사람이라 일을 순서대로 하나씩 처리하고 싶다. "업무 배분을 이렇게 하시면 안 되죠. 이 많은 걸 저 혼자 한꺼번에 하라니, 무조건 밀어붙이기만 하시면 어떻게 해요?" 이 말을 듣고 화가 난 상사는 얼굴이 벌게져서 "지금 우리 팀 전부 그렇게 일하는 거 몰라요? 본인 능력이 부족하다고는 생각 안 하나 보지?"라고 소리쳤다.

대부분 피플 플리저는 괜히 자기 마음을 솔직하게 말했다가 일만 더 꼬이고 통제 불능 상황이 될 것 같으면 아예 입을 닫는 쪽을 선택한다. 어차피 동료와 잘 지내면 좋고 직장에서는 주어진 업무를 잘 수행하는 것이 제일 중요하니까 그냥 꾹 참는다. 그런데 정말 그럴까? 원하는 바를 말하면 반드시 상황이 악화할까? 당연히 아니다. 판단하지 않고 자신의 감정만 표현해서 원하는 바를 부드럽게 전달하면 상황이 나빠질 리 없다.

예를 들어 사례의 경우, "오늘은 그냥 일찍 집에 가서 씻고 책이나 읽고 싶어", "저는 업무를 하나씩 처리하는 편이 더 효율적이고 결과도 좋은데 그렇게 해도 될까요?" 같은 식으로 말한다. 퇴근 후에 놀면 해롭고 집에 가서 쉬어야 이롭다느니, 많은 업무를 동시에 하라는 건 부당하다느니 등의 판단은 말할 필요가 전혀 없다. 그저 내 방식대로 편안함을 추구하겠다는 바람을 상대방에게 전달하기만 하면 된다. 내가 편하게 하고 싶다는데 괜히 시비를 걸거나 따지고 드는 사람은 없다.

나 스스로 편안함을 추구하는 일은 타인과 무관하며 누구도 다치거나 손해를 보지 않는다. 상대방이 기본적으로 선한 사람이라면 내가 원하는 바를 이루는 쪽을 더 지지할 것이다. 우리는 주변 사람들에게 내가 무엇을 좋아하고, 무엇을 좋아하지 않는지 가르쳐줘야 한다. 퇴근 후에 뭘 하고 싶은지 말을 해줘야 동료가 다른 쇼핑 파트너를 찾을 것이다. 나와는 다른 방식으로 우정을 유지할 테니 관계가 나빠질까 봐 걱정할 필요는 없다. 또 나는 성향상 여러 업무를 동시에 진행하는 스타일이 안 맞는다고 알려야 앞으로는 상사가 비교적 복잡하지 않고 장기적인 업무를 맡길 것이다. 상사가 하는 일이 원래 직원들을 잘 파악해서 적재적소에 활용하는 것이니 이런 정보를 제공하면 그에게 유용하다. 정리하자면 내가 나를 표현할수록 사는 게 더 편안하고 일이 술술 풀린다.

이상의 두 가지 방법은 '진짜 나를 드러내면 타인이 싫어한다'라는 불합리한 믿음을 해결하는 데는 도움이 된다. 하지만 이것만으로는 턱없이 부족하다. 기본적으로 자아상이 견고하지 않으면 여전히 나보다 상대방의 감정이 더 중요하고, 어떻게든 나를 타인과 일치시켜 안전감을 느끼려고 애를 쓴다. 자신을 온전히 받아들이지 못하는 사람은 '진짜 나'를 꼭꼭 숨겨서 스스로 온갖 어려움을 초래한다. 견고한 자아상을 만들고 자기 수용을 실현하려면 다음의 두 가지 방법이 도움이 될 것이다.

방법3: 온 마음을 다해 나를 발견한다

'나는 누구인가?'는 커다란 철학적 문제로 수많은 철학자가 수 세기에 걸쳐 탐구했지만, 여전히 답을 찾지 못했다. 그만큼 절대적으로 견고한 자아상을 만들기는 불가능하며 그럴 필요도 없다. 평범한 사람들은 상대적으로 견고한 자아상을 만들기만 하면 된다.

견고한 자아상이란 무엇인가? 내가 가장 잃기 어려운 부분을 찾아내 가장 소중한 것으로 삼는 것이다. 예를 들어보자. 사회에서 불리는 직함, 몰고 다니는 차, 내가 사는 집…… 이런 것들이 곧 나 자신이자 인생에서 가장 중요하다고 여기는 사람은 자아상이 매우 불안정하다. 모두 어느 순간 쉽게 잃을 수 있는 것들이기 때문이다. 반면에 설령 언젠가는 잃을지라도 나의 몸, 나의 성격, 나의 감정, 나의 기억이 곧 나 자신이라고 여기는 사람은 자아상이 견고하다. 평범한 사람은 자신과 삶을 더 명확히 알고 싶은 것만으로도 이미 커다란 지혜에 가까이 다가갔다고 할 수 있다.

관심을 혼란한 외부로부터 내적 본질로 돌리려면 정확히 무엇을 해야 할까? 간단한 명상으로 충분히 가능한 일이다.

매일 5분씩 몸을 느끼는 시간을 가져보자. 머리부터 발끝까지 몸의 각 부분에 집중한다. 머리, 얼굴, 눈썹, 눈꺼풀, 눈, 코, 입, 혀, 치아, 팔, 허벅지, 무릎……. 한 부분에 10~20초 동안 너무르다 보면 그동안 자기 몸을 얼마나 오랫동안 등한시했는지 깨닫게 된다. 건조해서 약간 뻑뻑한 눈, 방금 먹은 수박의 맛이 어렴풋이 남아 있는 혀, 땅을 힘있게 디디고 있는 발을 느껴본다. 자신의 몸에 집중할수록 자아상이 더 견고해질 것이다. 몸은 내가 필요할 때 언제든 나와 함께하며, 사라지거나 변하지 않고 영원히 나의 가장 중요한 일부분이기 때문이다.

하루 중 10~20분을 투자해 세상을 찬찬히 살펴보자. 비가 내리는 날, 빗방울이 손등을 두드리는 소리를 주의 깊게 들어보고, 공기 냄새를 맡아보자. 나무가 바람에 어떻게 흔들리는지 관찰하고, 새들이 날아다니는 모습을 살피며, 바람이 몸을 스쳐 지나갈 때의 시원한 감각을 느껴본다. 식사할 때는 토마토의 예쁜 빛깔에 주목하고, 오이를 씹는 소리와 밥을 씹는 소리가 어떻게 다른지 들어본다. 젓가락의 질감을 느끼고 음식의 향을 맡는다. 이렇게 하면 할수록 **나의 능동적인 경험을 통해 세상이 더 풍요로워질 수 있다**는 사실을 깨닫게 될 것이다. 나는 누구와도 똑같아질 필요가 없으며 그저 존재만으로도 충분한 기쁨을 경험할 수 있다.

방법4: 세 단계로 진정한 자신을 받아들인다

'자기 수용'을 안 되는 줄 알면서도 무턱대고 "할 수 있어, 나는 최고야!"라고 말하는 '셀프 응원'으로 오해하는 사람이 많다. 이는 자기 수용이 아니라, 거꾸로 자신을 전혀 받아들이지 않는 자세다. 예컨대 실적 평가에서 꼴찌를 하고도 '나는 업무 능력이 아주 뛰어난 사람'이라고 생각하는 것은 업무 능력이 부족하다는 사실을 애써 회피하는 자기기만에 지나지 않는다.

진정한 자기 수용은 총 세 단계, 즉 '용감하게 현실을 인정하기, 이 현실에서 얻을 수 있는 우위 찾기, 원하는 방향으로 열심히 노력하기'로 이루어진다.

실적 평가에서 꼴찌를 했다면 우선 내가 업무 능력이 부족하다는 기정사실을 받아들여야 한다. 그런 후에 실적 평가 꼴찌라는 현실에 어떤 장점이 있는지 생각한다. 없을 것 같아도 곰곰이 생각해보면 분명히 있다. 예를 들어 1등을 한 사람은 다음 평가에서 순위에서 밀려날까 봐 걱정하겠지만, 꼴찌는 아무도 뺏으려고 하지 않을 테니 심리적 압박감이 없다. 마지막으로 어떻게 하면 업무 능력을 향상할 수 있을지 생각한다. 대학원에 들어가거나 각종 훈련이나 연수 등에 참여할 수 있고, 경험이 많은 사람에게 조언을 구해도 좋다. 이렇게 하다 보면 업무 능력이 부족한 내가 어느새 능력을 발휘하고 있음을 알게 될 것이다.

또 다른 예를 들어보자. 내향적인 성격이라 사람들과 빠르게 친해지기 어렵다면 우선 내 성격이 내향적이라는 사실을 받아들여야 한다. 애초에 그렇게 타고난 사람이니까 성격을 외향적으로 바꿀 방법은 생각할 필요가 없다. 사과가 아무리 애를 써도 파인애플이 될 수 없는 것처럼 어쩔 수가 없는 문제다. 이어서 내향적인 성격에 어떤 장점이 있는지 생각해보자. 내향적인 성격에도 물론 장점이 있다. 예컨대 내향적인 사람은 상대적으로 경청과 사고에 능하다. 다음으로 어떻게 하면 이러한 장점을 발휘할 수 있을지 생각한다. 친구를 사귈 때는 사람이 많은 시끌벅적한 모임에 나가기보다는 최대한 일대일로 만나서 깊은 대화를 나눠야 장점이 돋보인다. 일할 때도 많은 소통이 필요한 업무보다는 한 가지 일을 꾸준히 해서 숙련되는 업무를 선택한다. 시간이 흐르면서 점차 주변 사람들과 돈독한 우정을 쌓고, 갈수록 더 수준 높은 업무를 수행하게 될 것이다. 이렇게 하면 함께 어울리고 놀아야만 유지되는 관계를 맺거나 아무나 하는 업무를 맡는 것보다 훨씬 더 즐겁고 만족스러울 수 있다.

○ 핵심 문제: 상대방에게 무조건 동의한다.

○ 표현 방식: 주관을 말하지 않고, 본성을 억누르며, 재능을 감춘다.

○ 원인

　▲ 거절당한 수치심 회피, 책임에 대한 스트레스 회피, 갈등으로 마주할 공포감
　　회피

　▲ '진짜 나'를 받아들이지 않음, '나는 누구인가?'라는 혼란

　▲ 시기에 대한 공포, '착한 아이만 사랑받는다'라는 불합리한 믿음

○ 결과: 아무리 무조건 동의해도 사랑은 늘 부족하다.

○ 솔루션 제안

　▲ '진짜 나'를 보인다. 타인의 관점이 아니라 감정에 동의하고, 용기를 내어 자
　　신의 욕구와 관점을 부드럽고 단호하게 표현한다.

　▲ '진짜 나'를 본다. 명상을 통해 관심을 돈, 지위 같은 외부로부터 몸, 감정 같
　　은 내적 본질로 옮겨 견고한 자아상을 만든다.

　▲ '진짜 나'를 받아들인다. 용감하게 현실을 인정하고, 이 현실에서 얻을 수 있
　　는 우위를 찾고, 원하는 방향으로 열심히 노력한다. 진정한 '자기 수용'을 실
　　현해 더 멋진 현실을 만든다.

제 3 장

죽어도 부탁은 못 하는 사람들

✦

대학원생 멍한은 누구에게나 상냥하고 착하며 남을 돕기를 좋아한다. 기숙사 친구들과도 두루두루 사이좋게 지내고 있다. 어느 날 밤, 멍한은 열이 심하게 나더니 온몸이 땀으로 흠뻑 젖고 정신까지 혼미해졌다. 혹시 해열제를 사다 줄 사람이 있을까 싶어서 힘겹게 몸을 일으켜봤지만, 기숙사 친구들은 이미 잠든 후였다. 깊이 잠들었는지 약하게 코를 고는 친구도 있었다. '깨워서 도와달라고 해야 할까?' 멍한은 잠시 망설이다가 이내 포기했다. '이 정도는 약을 안 먹어도 괜찮아. 좀 지나면 나아지겠지. 열 한 번 안 나는 사람이 어딨겠어. 괜히 유난 떨지 말아야지!'

다음 날 아침, 생각과 달리 열은 더 심해졌고 오한으로 몸이 심하게 떨렸다. 멍한도 이제는 정말 병원에 가야겠다는 생각이 들었다. '더는 못 버티겠네……. 힘이 너무 없는데 어쩌지. 혹시 병원에 같이 가줄 사람이 있을까? 아, 오늘은 다들 오전 수업이 있는 날이잖아……. 나 때문에 수업에 빠지면 안 되지. 맞다, 나도 아직 병결 신청을 못 했네. 병결 신청서를 내서 선생님께 서명을 받아야 할 텐데…… 이렇게 이른 시간에 출력할 곳이 있나? 지금 연 곳은 학교 밖에 있는 문구점뿐인데, 거기는 너무 멀어……. 친구들한테 부탁하기

는 좀 그렇지? 괜히 나 때문에 지각이라도 하면 너무 미안한 일이야. 안 되겠다, 그냥 내가 가야지…….'

이렇게 해서 멍한은 열이 40℃까지 오른 몸을 이끌고 힘겹게 멀리 있는 문구점까지 가서 병결 신청서를 출력해 학교에 제출했다. 그런 후에 다시 혼자 택시를 타고 근처에 있는 병원으로 갔다. 의사는 멍한이 폐렴에 걸렸으며 당장 입원해서 치료해야 한다고 말했다.

병원 침대에 누운 멍한은 링거병을 물끄러미 바라보았다. 하나, 둘…… 링거액이 한 방울씩 천천히 떨어지는 모습을 보고 있자니 왠지 모르게 울음이 터져 나왔다. '엄마한테 전화해서 와달라고 할까……. 하지만 엄마가 여기까지 오려면 차를 오래 타야 하고 일도 며칠이나 쉬어야 하잖아. 저번에 통화했을 때, 할머니도 건강이 안 좋아서 엄마가 계속 돌보고 있다고 했어. 엄마가 나한테 오면 할머니는 누가 돌보지?'

키워드

열등감과 나르시시즘

타인에게 부탁하지 못하는 성향은 열등감과 나르시시즘이 충돌한 내면의 발현이다. 우선 멍한은 아주 깊은 열등감이 있는 사람이다. 타인이 수면을 방해받지 않는 것이 내 열을 내리는 것보다 더 중요하고, 타인이 지각하지 않는 것이 내 건강보다 더 중요하며, 할머니가 돌봄을 받는 것이 내가 돌봄을 받는 것보다 더 중요하다. 이처럼 멍한은 '다른 사람이 더 중요해, 나는 그만큼 중요하지 않아'라고 판단하고, 이를 토대로 모든 일을 결정한다. 동시에 멍한은 나르시시즘이 아주 강한 사람이기도 하다. '나는 타인에게 의지할 필요가 없어. 병결 신청서를 출력해서 제출하고 병원에 가서 진찰받는 일 정도는 전부 혼자서 거뜬히 해낼 수 있으니까.' 남에게 부탁하다니, 못 하는 것이 없는 완벽한 그녀의 나르시시즘이 산산이 조각날 일이다.

무너뜨릴 수 없는 나르시시즘:
누구도 내게 NO라고 말할 수 없다

'나르시시즘'이라는 말을 들어본 적 있을 것이다. 주로 과신하고, 교만하고, 자기중심적인 사람들을 묘사할 때 쓰이는 단어다. 나르시시즘은 피플 플리저 성향과 어떤 관련이 있을까?

✦ 잘난 나는 거절당하면 안 된다

심리학 개념인 '나르시시즘'은 아름다운 소년 나르키소스가 호수에 비친 자신의 모습에 반해 헤어나지 못했다는 그리스 신화에서 유래했다. 이 소년은 물 위로 보이는 자기 그림자를 손에 넣지 못하자 슬퍼하다가 죽어 수선화가 되었다. 보통 나르시시즘이라고 하면 고도의 자기만족 상태를 떠올리지만, 나르시시즘은 다른 형식으로 발현하기도 한다. 바로 '내 세상(엄마 혹은 주 양육자)은 내 생각대로 움직인다'라는 마치 영유아 같은 원초적 강박이다. 쉽게 말해서 나는 무소불위하다는, 즉 나는 못 하는 것이 없다는 착각이다.

이런 착각에 빠진 사람은 자아가 비대해서 온 세상 사람이 자기 말을 들어야 한다고 생각한다. 또 항상 남의 사정만 챙기고 자신은 아무리 힘이 들어도 부탁하지 않는다. 이들에게 부탁이란 자신의 무소불위를 검증하는 것과 같고, 이런 강박은 현실의 검증을 견뎌내지 못하기 때문이다.

피플 플리저는 부탁하지 못하는 이유를 '자기가 워낙 남을 배려하고 폐를 끼치기 싫어서'라고 생각할 뿐, 사실은 거절당해서 맞닥뜨릴 수치심과 공포 때문임은 애써 모른 척한다. 그들에게 부탁이란 '의존', 즉 내가 할 수 없는 일이 있어서 너의 도움이 필요하다는 의미다. 부탁은 피플 플리저의 나르시시즘에 큰 상처를 준다. 무소불위의 존재가 타인의 도움을 받는다는 것은 있을 수 없는 일이기 때문이다. 이들은 부탁해야 할 상황에 놓이는 동시에 상대방에게 거절당하는 상상을 펼치기 시작한다. 상상 속에서 맞닥뜨린 직접적인 거절이나 마지못한 도움은 당황스러움을 넘어 분노마저 일게 할 것이다. 이미 한 차례 상처받은 나르시시즘은 이때 철저히 붕괴한다. '뭐야, 세상이 나를 중심으로 돌아가지 않잖아……. 이런 굴욕은 정말 참을 수가 없어!' 흡사 서랍을 못 열겠으니까 괜히 짜증을 부리며 다시 해보려고도 하지 않는 어린아이 같은 심리다. 어떤 상황에서도 안간힘을 쓰며 절대 부탁하지 않는 것은 모든 사람이 나를 돕도록 통제할 수 없다는 좌절감과 수치심을 감추려는 발버둥이다.

✦ 차마 말할 수 없는 나르시시즘

나르시시즘은 이른바 '아기 폐하'로 묘사되는 유아기의 원초적인 심리상태로 당연히 성인의 사회생활에서는 받아들여지기 어렵다. 주변 사람들을 향해서 모두 나를 중심으로 움직이라고, 무조건 나를 위해 서비스하라고 말할 수 있는가? 이런 말을 실제로 입 밖으로 꺼내면 사람들은 내가 얼마나 이기적인지 성토하며 되도록 멀리하려 할 것이다. 그러므로 이런 심리는 들키지 않게 아주 조심스럽게 숨기고, 대신 더 쉽게 받아들여지는 방식으로 표현해야 한다.

언뜻 보기에는 부탁하지 못하는 성격이 다른 사람을 무척 생각해서인 것 같지만, 사실 본질은 전부 자신과 관련한 문제들이다. 부탁하면 그가 나를 만족시킬 수 있을까? 거절당하면 나는 얼마나 속상할까? 귀찮게 했다고 나를 싫어하면 어쩌지?

남에게 폐를 끼치지 않으려는 태도는 '나의 욕구보다 남의 욕구가 더 중요하다'라는 열등감이 아니라, 오히려 '나는 그 누구보다 중요해야 한다'라는 기저 심리를 보여준다. 이는 외모 콤플렉스와 유사하다. 외모 콤플렉스는 자기 외모를 부끄러워하는 것처럼 보이지만, 사실은 자신이 반드시 영화배우처럼 아름다워야만 한다는 나르시시즘이 낳은 결과다.

이는 또한 피플 플리저가 '다른 사람보다 내가 낫다'라고 보지 않는 주요 원인이기도 하다. 이들은 다른 사람은 힘든데 나는 편하고,

다른 사람은 희생하는데 나는 이익을 얻고, 다른 사람은 실패했는데 나는 성공하는 모습을 보았을 때, 내내 힘들게 억눌러온 나르시시즘에 커다란 만족감을 얻는다. 이 말할 수 없는 쾌감을 숨기기 위해서 남에게 맞춰주고 자신은 낮은 자세를 유지하는 쪽을 선택하는 것이다. 심지어 타인에게 부탁하지 않음으로써 영원히 만족하지 않는다.

증폭된 열등감: 만족하면 죄책감이 든다

나르시시즘을 이야기하면서 열등감의 문제를 다루지 않을 수는 없다. 이 둘은 마치 떼려야 뗄 수 없는 쌍둥이처럼 모든 피플 플리저에게 함께 나타난다.

'나는 부족한 사람'이라는 열등감 속에는 '나는 완벽해야만 하는 사람'이라는 나르시시즘이 숨겨져 있다. '나는 못 하는 게 없지'라는 나르시시즘이 '내가 완벽하지 않은' 현실과 직면하게 되면서 열등감이 생겨나기 때문이다.

✦ 나는 만족할 자격이 없다

피플 플리저가 좀처럼 부탁하지 못하는 중요한 이유 중 하나는 스스로 부적합하다고 생각하기 때문이다. 나르시시즘은 스스로 자신을 무소불위의 존재로 여기게 하지만, 현실의 모든 것이 그건 말도 안 되는 생각이라고 속삭인다. 생각과 달리 현실에서는 타인을 지배할 수 없고, 일의 발생 여부를 통제할 수 없으며, 부탁에 대한 상대방의 반응을 확신할 수 없다. 인식과 현실의 괴리는 '나는 정말 형편없는 사람'이라는 결론에 도달하게 한다. 이렇게 형편없는 사람이 과연 만족을 얻을 자격이 있을까?

자신을 귀한 공주님이라고 여기는 사람은 화려한 옷과 좋은 음식이 모두 응당 받아야 할 것들이라고 생각한다. 반면에 자기를 초라한 거지라고 여기는 사람은 남루한 옷과 먹다 남은 음식이 곧 자신의 삶이라고 생각한다. 이런 사람에게 반짝이는 나이프와 포크를 쥐여주고 이제 막 외국에서 공수해 온 신선한 먹거리를 제공해봤자 도리어 불편하게만 할 뿐이다.

마찬가지다. 스스로 자신이 충분히 훌륭한 사람이라고 여기면 부탁이 자연스럽고 편안하다. 이 사람에게는 타인으로부터 사랑을 받고 만족감을 느끼는 것이 너무나 당연한 일이기 때문이다. 반면에 자신이 정서적인 면에서 거지와 다름없다고 여기면 그저 수동적으로 누군가가 약간의 선의와 도움을 적선해주기만 기다린다. 능동적으로 부탁하는 일은 꿈도 못 꾼다. 가져서는 안 될 것을 기대하면 죄책감이 들기 때문이다.

✦ 채울 수 없는 부모

부모의 부적절한 교육방식도 '부적합 콤플렉스'를 강화하는 요인이다.

'칭찬은 자만하게 하고, 자만은 곧 퇴보로 이어진다'라는 가치관을 고수하면서 이를 자녀 교육에까지 적용하는 부모가 적지 않다. 시험에서 99점을 받은 아이가 있다. 이 훌륭한 성취와 기쁨을 부모님과 함께 나누고 싶은 마음에 하굣길이 얼마나 즐거웠겠는가? 하지만 아버지는 전혀 기뻐하는 기색 없이 오히려 인상을 찌푸리며 "겨우 한 번 잘해서 무슨 의미가 있어? 중요한 건 대학입시야. 이 정도로 만족하지 마!"라고 말했다. 엄마 역시 요리하는 손을 멈추지 않고 시큰둥하게 말했다. "1점을 놓쳤잖아. 뭐가 문제였는지 꼭 분석해봐!" 아이는 부모님의 반응이 서운하고 실망스러웠다가 곧 깨닫게 된다. 자신은 99점을 받아 와도 칭찬과 인정을 받을 자격이 없다는 것을.

또 어떤 부모들은 해달라는 대로 다 해주면 안 좋다고 굳게 믿고 자녀의 요구 사항을 들어주기를 꺼린다. 예컨대 아이가 치킨이 먹고 싶다고 하면 "안 돼, 튀긴 음식은 몸에 안 좋아. 채소를 더 많이 먹어"라고 하고, 아이가 채소를 먹으려고 하면 "왜 꼭 영양가도 없는 것만 먹으려고 하니? 고기를 많이 먹어야지"라고 한다. 아이가 주말에 친구랑 놀겠다고 하면 "안 돼, 공부해야지. 집에서 숙제나 해"라고 하고, 아이가 주말에 집에서 숙제한다고 하면 "앉아 있기만 하면 척추가 휜다니까. 나가서 운동할 생각을 해야지!"라고 한다. 무슨 말을 해도 어차피 전부 잘못되었고, 말해봤자 못 하게 한다면 아이는 굳이 말을 꺼낼 이유가 없다. 부모와 자녀 사이의 상호작용 패턴이 늘 이런 식인데 누가 감히 허락되지도 않을 부탁을 쉽게 말할 수 있겠는가?

부모의 편애와 비교 역시 부적합 콤플렉스에 영향을 미친다. 아들을 선호하는 집안에서 자란 여성이라면 특히 심하다. 할머니는 매일 남동생에게 아침밥을 차려주지만, 내 밥은 없다. 할아버지는 매일 남동생에게 몰래 용돈을 주면서 내게는 주지 않는다. 그러면 아이는 이 상황이 조부모의 잘못된 생각 탓이 아니라, 자신이 부족해서 사랑받을 자격이 없기 때문이라고 생각한다. 다른 형제나 다른 집 자녀와 자주 비교당한 아이도 자신이 부족하다는 열등감을 느끼며, 이렇게나 부족한 자신은 감히 어떠한 부탁도 할 수 없다고 생각한다.

이런 부모는 마치 영원히 채워지지 않는 블랙홀과 같다. 그런데도 아이는 간절히 바라마지않는 사랑과 인정을 얻고자 온 힘을 다해 이 블랙홀을 채우려고 한다. 하지만 결국에는 모든 에너지를 소진해서 만족은 고사하고 정작 내가 원하는 바를 챙기기도 쉽지가 않다.

✦ 자기애 ≠ 이기심

'타인을 사랑하면 도덕적이고, 나를 사랑하면 비도덕적이다.' 이런 잘못된 인식도 부탁하기를 힘들게 만드는 요인 중 하나다.

중국 동한의 정치가 공융은 어렸을 때 형들에게 맛있는 배를 양보

해서 현대의 교과서에 실렸다. 이처럼 자신을 버리고 타인을 위한 이야기들은 늘 칭찬받고 널리 알려져왔다. 타인을 사랑하는 것과 나를 사랑하는 것은 서로 완전히 배치되는 일이라고 여겨질 정도로 말이다. 그 바람에 부탁하는 행위는 남에게 피해를 주고 자신만 이롭게 하는 일종의 도덕적 해라는 오해가 생겼다.

타인을 사랑하는 것과 나를 사랑하는 것은 정말 서로 모순될까? 전혀 그렇지 않다. 논리적으로 볼 때, 타인을 사랑하는 가장 높은 경지는 중생을 사랑하는 것이며, 나도 그 중생 중 하나다. 자신조차 사랑하지 않는 사람이 어떻게 타인을 사랑하고, 중생을 사랑하겠는가?

현실에서도 아이를 위해 자신의 전부를 희생하는 어머니보다 자신과 타인을 모두 사랑할 줄 아는 어머니가 자녀를 더 건강하고 훌륭하게 키운다. 절대적 이타심은 도덕의 최고 경지로 주변 사람들이 감히 함부로 트집을 잡거나, 불평하거나, 가까이 다가갈 수 없다. 그런 곳에 홀로 서 있다면 너무 외롭지 않을까?

따라서 우리는 항상 자신에게 말해주어야 한다. "나는 그냥 평범한 사람이야. 그렇게까지 높은 도덕적 기준을 요구할 필요는 없어"라고. 배가 하나라면 무작정 다 내주지 말고 절반씩 나눠 먹으면 된다. 긴급한 상황에서는 먼저 내 안전을 확보한 후에 다른 사람들을 도와도 무방하다. 기억하자. 자기애와 이기심은 다르다. 자신을 사랑하는 것은 만물을 사랑하는 기초다.

열등감 있는 나르시시스트: 진퇴양난의 모순

나르시시즘에 상처 입을까 봐 두려운 심리, 나르시시즘을 감추기 위해 스스로 자신을 낮추는 고통, 부적합 콤플렉스, 타인을 만족시킬 수 없다는 무력감, 도덕의 최고 경지에서 느끼는 외로움……. 열등감 있는 나르시시스트의 내면은 온통 이런 것들로 가득 채워져 있다. 하지만 이걸로 끝이 아니다. 열등감과 나르시시즘은 번갈아가며 사람을 못살게 군다. 서로 물과 불처럼 치열하게 싸우면서 더 깊은 고통을 안겨준다.

✦ 이래도 걱정, 저래도 걱정

보통 사람은 자신의 요구가 받아들여지지 않았을 때만 고통스럽다. 귤을 먹고 싶은데 다른 사람이 주지 않으면 속상하지만, 이 속상함은 아주 단순한 수준에 그친다. 반면에 유사한 상황에서 피플 플리저가 느끼는 감정은 상당히 복잡하다. 우선 다른 사람이 내 부탁을 거절하면 너무나 괴롭다. 거부당한 실망감, 상처 입은 나르시시즘이 만들어낸 무력감, 멍청한 부탁을 했다는 수치심이 모두 출현한다. 다른 사람이 내 부탁을 들어주면 더 괴롭다. 받을 자격이 없는 것을 얻은 당혹감, 너무 오랜만에 만족을 느꼈다는 어색함, 타인의 이익을 해쳤다는 자책이 한꺼번에 출현해 머릿속을 헤집어놓는다. 그야말로 이래도 걱정, 저래도 걱정이라서 도무지 마음 편할 날이 없다.

원래 열등감과 나르시시즘은 길 하나를 두고 이쪽저쪽으로 오갈 수 있으며, 상대방이 내 부탁을 들어줄지 아닐지는 확률이 50%로 단순한 일이다. 하지만 열등감 있는 나르시스트는 상대방이 부탁을 안 들어줘도 걱정이고, 들어주면 더 걱정이어서 갈 수 있는 길이 없다. 진퇴양난의 지옥에 빠지는 것 외에는.

✦ 부탁하지 않아도 고통은 계속된다

진퇴양난의 딜레마에 빠진 피플 플리저는 아예 부탁을 안 하는 방법을 선택한다. 매우 곤혹스러운 상황이니 나쁘지 않은 선택이다. 하지만 무조건 부탁하지 않는 방식으로 고통을 완전히 없앨 수는 없다.

타인에게 부탁하지 못하는 문제의 핵심은 '부탁'이 아니라 '충돌'이다. 따라서 부탁하지 않기는 임기응변일 뿐, 문제의 핵심을 해결하지 못한다. 열등감과 나르시시즘의 충돌이 해결되지 않으면 고통은 언제라도 다시 찾아올 것이다.

열등감이 있는 사람은 자신이 만족할 자격이 없다고 생각하며 그 자체로 고통스럽다. 그래서 뭐든지 잘하고, 못 하는 것이 없으며, 모두에게 받아들여지고, 항상 사랑받는 존재인 이상적인 자아를 상상해낸다. 이 이상적인 자아는 내면의 나르시시즘과 찰떡궁합이다. 이것이 바로 피플 플리저가 항상 백일몽을 꾸고 있는 까닭이다. 하지만 안타깝게도 냉정한 현실은 이상적인 자아를 처참하게 무너뜨린다. 사실 당연한 일이다. 상상 속 자신은 전능한 신에 가까운데, 현실 속 자신은 평범하기 그지없는 보통 사람일 뿐이기 때문이다. 이상적인 자아가 도전받았을 때 열등감 있는 사람이 느끼는 분노는 지극히 정상적인 반응이다. 이 분노는 부탁하지 않는 방식으로 없앨 수 없는 첫 번째 고통이다. 이어지는 두 번째 고통은 분노를 표현하지 못하고 억누르면서 생겨난다. 왜 분노를 표현하지 못할까? 기본적으로 분노를 드러내는 일을 용납하지 않는 성격이기도 하고, 내면의 나르시시즘을 보호하려면 외부의 칭찬이 꼭 필요하므로 타인의 기분을 상하게 하고 싶지 않아서다. 무엇보다 사회에서 살아가려면 이 분노의 감정 자체를 억눌러 드러나지 않게 해야 한다. "나를 전지전능한 신으로 대하지 않는다니, 나는 당신이 정말 싫어요!"라고 말할 수는 없는 노릇이다.

✦ 롤러코스터를 탄 기분이야!

열등감과 나르시시즘이 모두 있는 사람은 늘 기분이 롤러코스터를 탄 것처럼 쉴 새 없이 널뛴다.

북송의 사상가인 범중엄은 '외적인 사물의 좋고 나쁨 때문에 기뻐하지 않고, 자신의 득실 때문에 슬퍼하지 않아야' 비로소 내면의 안정을 얻을 수 있다고 했다. 이런 태도를 갖춰야만 모든 일에 깊이가 있고, 마음이 탁 트인 가장 이상적인 상태에 도달할 수 있다. 그런데 피플 플리저는 정확히 그 반대다. 누군가가 칭찬이라도 한마디 해주면 마냥 기분이 좋아서 날아갈 것 같다가, 반대로 누군가가 자신을 비난하면 엄청난 굴욕감을 느낀다. 노력에 대한 보상을 받으면 신이 나서 못 할 일이 없을 것 같고, 일의 성과가 잠시라도 보이지 않으면 금세 낙담해서 자신은 아무것도 이룰 수 없다고 생각한다. 근본적인 이유는 역시 열등감과 나르시시즘의 충돌이다.

사람이 외부 상황에 따라 이리저리 휘둘리지 않으려면 우선 자신이 누구인지부터 정확히 알아야 한다. 자아의식이 안정된 사람은 타인이 좋게 말해준다고 내가 더 좋아질 수 없으며, 타인이 나쁘게 말한다고 내가 더 나빠지지 않음을 안다. 이런 사람만이 장자가 말한 '온 세상 사람이 칭찬해도 더 힘쓰지 않으며, 온 세상 사람이 비난해도 더 흔들리지 않는 태도'를 실천할 수 있다. 하지만 피플 플리저의 내면에는 '나는 누구인가?'라는 질문에 대한 명확한 답이 없다. 때로는 자신이 못 하는 것이 없는 신 같다가, 때로는 보이지도 않는 먼지 같다. 외부 상황의 변화에 따라 무소불위의 존재였다가 아무것도 아닌 존재였다가 하니 좀처럼 갈피를 못 잡는다. 자기가 어떤 사람인지도 아리송하고, 항상 기분이 사정없이 널뛰어 도무지 편안할 새가 없다. 이것이 바로 아예 부탁하지 않는 방식으로는 절대 해결할 수 없는 세 번째 고통이다.

충돌의 쓴맛: 점점 더 깊어지는 열등감

열등감과 나르시시즘의 충돌이 불러일으키는 삼중고, 즉 분노, 억압, 불안이 내면에 존재해도 실제 생활하는 데는 큰 영향이 없다고 생각한다면 오산이다. 사실 부탁하지 못하는 성격은 이 충돌이 현실 세계에 드리운 아주 작은 그림자에 불과하다. 이 충돌로 말미암은 진정한 어둠은 따로 있다.

✦ 타인이 나를 사랑할 기회를 박탈한다

사랑에는 책임이나 약속 같은 복잡한 내용이 담겨 있지만, 가장 본질적인 행위는 결국 두 사람이 서로 '기대는 것'이다. 가족의 사랑은 내가 어릴 때는 네가 나를 돌보고, 네가 늙으면 내가 너를 돌보며 이어진다. 연인의 사랑은 오늘은 네가 내게 꽃을 선물하고, 내일은 내가 네게 아침 식사를 준비해주며 확인한다. 또 친구 사이의 사랑은 오늘은 내가 너에게 속상한 일을 이야기하고, 내일은 네가 내 어깨에 기대어 위안을 얻으면서 유지된다.

그런데 내가 내면에 생긴 충돌 때문에 아예 부탁하지 않으면, 즉 타인에게 기대는 행위를 멈추면 상대방의 사랑을 느낄 도리가 없다. 예를 들어 당신이 주말에 부모님이 아이들을 봐주기 바라면서도 부탁하지 않았다고 하자. 부모님이 부탁을 들어줄지 거절할지는 알 수 없다. 하지만 당신은 애초에 부모님이 사랑을 표현할 기회를 드리지 않았다. 명한은 기숙사 친구들이 아픈 자신을 도와줬으면 했지만, 차마 말을 꺼내지 못했다. 친구들이 잠을 깨웠다고 불평할지는 아무도 모른다. 분명한 것은 명한이 친구들에게 자신을 도울 기회조차 주지 않았다는 사실이다. 부탁하지 않음으로써 타인을 배려한 것이 아니라, 그들의 사랑을 거부한 셈이다.

부탁하지 않으면 사랑받고 싶은 욕구를 영원히 충족할 수 없고, 사랑받지 못하기 때문에 더 깊은 열등감이 생긴다. 열등감을 느낄수록 더 부탁할 수 없게 되고, 부탁하지 못할수록 만족을 얻을 수 없고, 만족하지 못할수록 사랑이 부족해지고, 사랑이 부족할수록 열등감을 느끼는 악순환에 빠지게 된다.

✦ '꿈속의 고수'로 전락한다

피플 플리저가 이상을 추구하려고 하면 열등감과 나르시시즘이 냉큼 달려와 행동을 둔하게 하고 결국 아무것도 하지 못하게 만든다.

작가가 되고 싶은 친구가 있었다. 이 친구는 항상 언젠가는 온 세상을 떠들썩하게 만들 소설을 쓰겠다고 호기롭게 말하고 다녔지만, 막상 펜을 들면 한 글자도 쓸 수가 없어서 무척 괴로워했다. 생각해보면 당연한 일이다. 역사에 길이 남을 걸작을 써내야 한다고 생각하면 누구라도 엄청난 부담감에 압도되어 제대로 해내기 어려울 것이다. 친구는 간신히 써낸 몇 문장조차 너무 별로여서 보고 있으면 한없이 부끄러웠다고 털어놓았다. 그래서 이 굴욕이 계속되게 하느니 차라리 아무것도 할 수 없는 상태에 빠지는 쪽을 선택한 것이다.

하지만 펜을 움직이지 않고 어떻게 작가가 되겠는가? 자신이 쉬지 않고 노력해야만 성공할 수 있는 평범한 사람임을 받아들이지 못하면 어떻게 목표에 도달할 수 있을까?

내면에서 열등감과 나르시시즘이 충돌했을 때, 당신은 오직 꿈속에서만 절대 고수다. 현실에서는 눈만 높고 실력은 형편없어서 무엇도 이룰 수 없는 사람일 뿐이다.

나르시시즘이 심할수록 현실을 받아들이기 어렵고, 현실을 받아들이지 못할수록 실패하기 쉬운 법이다. 실패할수록 열등감이 커지며, 열등감이 커질수록 이상과 현실의 괴리를 실감하게 된다. 이상과 현실의 괴리를 확인할수록 현실을 받아들이기는 더 어려워진다. 그 결과, 도피와 백일몽 속에서 허송세월하며 살 수밖에 없다.

✦

내면의 충돌을 해결해야 고통에서 벗어난다

다행히 열등감과 나르시시즘의 충돌은 해결이 가능한 문제다. 방법
만 정확히 알면 생각보다 쉽게 고통에서 벗어날 수 있다.

방법1: 이면에 있는 긍정적 욕구에 주목한다

어쩌면 여기까지 읽고 나니 새로운 고민이 생겼을지도 모르겠다. '내
안에 열등감과 나르시시즘이 모두 있다고? 그렇다면 정말 심각한 상
황이잖아, 나는 정말 구제 불능이야…….' 장담하건대 그렇지 않다.
열등감이든 나르시시즘이든 모두 나름대로 존재의 근거가 있다. 비
관한다고 상황이 나아질 리 없으며, 받아들여야만 충돌을 해결할
수 있다. 지금 할 일은 열등감과 나르시시즘 뒤에 있는 좋은 것들에
주목하는 것이다.

　지금까지 내면의 열등감과 나르시시즘을 분석했으나 개념을 이해
하는 수준에 그쳤고, 문제를 해결하려면 아직 부족하다. 열등감과
나르시시즘은 개념일 뿐이므로 이제 우리는 문제의 본질을 따져봐

야 한다. 예를 들어 열등감 때문에 부탁하지 못하는 문제의 본질은 '나는 형편없고, 만족할 자격이 없어. 거절까지 당하면 더 엉망이 되겠지……. 그런 위험을 감수하고 싶지는 않아'다. 또 나르시시즘 때문에 부탁하지 못하는 문제의 본질은 '남들이 나를 100% 만족시켜줘야 해. 하지만 부탁을 하면 나는 못 하는 것이 없는 사람이 아닌 거잖아……. 그런 현실을 직면하고 싶지 않아'다. 그러니까 문제의 본질은 행위를 함으로써 생겨날 가능성이 있는 부정적 자기평가다. 이 방향으로 생각해보면 새로운 길이 보일 것이다.

문제의 본질을 확인하고 나면 '문제를 자원으로 바꾸는' 일을 시작해야 한다. 내가 부족해서 걱정이고, 그만한 자격이 없어서 겁나고, 상대방의 거절이 두려운 것이 모두 문제이기는 하지만, 그 이면에는 유용한 자원이 있다. 내가 부족해서 걱정인 심리는 훌륭해지고 싶다는 바람을 담고 있으며, 내게 그만한 자격이 없어서 겁나는 심리는 사랑받을 자격이 있는 사람이고픈 갈망을 보여준다. 또 상대방의 거절이 두려운 심리는 받아들여지고 싶은 마음이 있다는 의미다. 모두 아주 긍정적인 욕구이자 인생의 중요한 자원이 된다. 부정적 감정이 아니라 이 자원들에 초점을 맞추어보면 자기 내면에 있는 열등감과 나르시시즘, 두 가지 모두 똑같이 편안하게 받아들일 수 있게 된다. 열등감과 나르시시즘은 더 이상 물과 불처럼 모순되지 않으며, 나란히 나를 지탱해주는 자원이다.

시선을 긍정적 욕구로 옮기면 보다 희망찬 미래를 향해 나아갈 수 있다. 마지막 단계는 자신에게 질문을 던지는 것이다. '어떻게 해야 피플 플리저 성향 이면에 있는 긍정적 욕구를 실현할 수 있을까?' 훌륭해지기 위해서, 사랑받기 위해서, 받아들여지기 위해서, 무엇을 해야 할까? 주변 사람들에게 더 마음을 열고 진실한 자아를 보여주기, 용기를 내어 진짜 원하는 것을 말하기, 자신을 더 많이 사랑하기 등 모두 좋은 선택이 될 수 있다. 어떤 선택을 하든 분명한 것은 열등감을 이용해 나르시시즘을 숨기고 아예 부탁하지 않는 방식은 자신의 진짜 욕구와 완전히 배치된다는 사실이다.

이상의 세 단계를 거치면 내면에 숨겨진 열등감과 나르시시즘이 끊임없이 충돌하고 싸우게 두는 대신, 자기 내면의 모든 부분을 받아들일 수 있다. 나를 위해 작용하게 만들 방법만 찾는다면 열등감과 나르시시즘 역시 나의 좋은 부분이 될 수 있다.

방법2: 나를 하나로 만든다

열등감, 나르시시즘 그리고 이 두 가지의 충돌, 이런 문제들은 전부 내가 하나이지 않아서 생겨난 것이다. 나는 나이기도 하고, 무소불위의 이상적인 나이기도 하며, 보이지도 않는 먼지 같은 나이기도 하다. 그러니까 총 세 개의 '나'가 있다는 말인데 너무 기괴하지 않은가? 여기서 끝이면 그나마 다행이다. 이외에 미래에 거절당할 나도 있고, 과거에 사랑받지 못한 나도 있다. 몸은 하나인데 그 안에 이렇게 많은 내가 존재하다니 고통스럽지 않기가 더 이상할 지경이다.

어떻게 하면 이 분열을 끝내고 하나가 될 수 있을까? 정답은 바로 생각을 멈추는 것이다.

자아가 여러 개로 분열되어 존재하는 가장 근본적인 이유는 '생각'이다. 우리는 모두 생각을 통해 '이런 것은 열등감', '저런 것은 피플 플리저 성향' 같은 판단을 내리고, 생각을 통해 '나는 왜 사소한 부탁조차 못 하는 거야?'라며 자신을 비난하기도 한다. 심지어 생각을 통해 시간을 넘나든다. '미래에 나는 아마도 거절당해서 수치스럽겠지, 과거에 내 부모님은 작은 부탁도 들어주지 않았어…….' 그러면서 정작 지금, 가장 진실한 이 순간에 존재하는 가장 진실한 자신을 잊는다. 더는 허무하게 떠도는 생각 속에 갇혀 괴로워하지 말고, 더 진실한 마음으로 세상을 대해야 한다.

생각을 멈추기 위해 다음의 방법들을 적용해볼 수 있다.

첫째, 호흡에 집중한다. 생각으로 문제를 만들어낼 때는 사실상 정신이 몸과 단절된 상태다. 자기 몸에 집중하면서 생각을 계속하기가 쉽지 않기 때문이다. 믿기 어렵다면 한번 해보면 된다. 자신의 호흡을 관찰해보자. 어떠한 통제나 간섭도 없이 그저 관찰하기만 하면 된다. 그러면 여러 개로 조각났던 자아가 다시 하나로 모이기 시작하고, 호흡으로 느껴지는 자아만이 가장 강력한 존재임을 알게 될 것이다.

둘째, 지금 대체 뭐가 문제인지 자문한다. 지금 당신은 혼자 대지 위에 서서 호흡하고 있다. 앞에 놓인 책이 보이고, 창밖에서 새소리가 들리며, 공기의 냄새를 맡고, 피부의 온도가 느껴진다. 또 누군가 성대를 울려서 소리를 내어 제공하는 정보를 듣는다. 이것이 바로 지금이다. 지금은 아무 문제도 없다. 오직 오감의 경험, 하나가 된 자아가 있을 뿐이다.

셋째, 추상적인 것을 구체화한다. 상대방이 나의 부탁을 거절할까 봐 두려운 마음은 상당히 추상적인 개념으로 구체화할 필요가 있다. '그가 나를 거절한다'를 구체적으로 바꾸어 다음과 같이 말할 수 있다. 우선 '그'는 분자로 구성된 유기체이고, '거절'은 이 유기체가 하나의 기관을 통해 낸 약간의 소리 혹은 얼굴의 미간을 살짝 찌푸린 표정이다. '나' 역시 분자로 구성된 유기체다. 정리하자면 상대방이 나의 부탁을 거절하는 것은 '분자로 구성된 한 유기체가 하나의 기관을 통해 소리를 내거나 얼굴의 미간을 살짝 찌푸렸고, 이것이 분자로 구성된 또 다른 유기체의 기관인 귀 혹은 눈으로 수신된 상황'이다. 아직도 두려운가? 여기에는 구체적인 현상만 있을 뿐, '거절'이라는 곤혹스러운 개념은 존재하지 않는다.

타인에게 부탁하지 못하는 피플 플리저 성향은 어쩌면 신의 선물일지도 모른다. 치유함으로써 자아가 하나 되는 길 위를 걸을 수 있으니 말이다. 가만히 눈을 감고, 내면의 피플 플리저 성향을 향해 말해주자.

"나를 잘 이끌어줘서 고마워, 그리고 사랑해! 그동안 알아보지 못하고, 이해하지 못해서 정말 미안해. 용서해줘!"

○ 핵심 문제: 남에게 부탁하지 못한다.

○ 표현 방식: 늘 남에게 폐를 끼칠까 봐 걱정이 많아서 모든 일을 직접 알아서 한다.

○ 원인

▲ 나르시시즘: 타인에게 의존하거나 부탁을 거절당하면 나르시시즘에 상처를 입음

▲ 열등감: '나는 만족할 자격이 없다'라는 불합리한 믿음

▲ 열등감과 나르시시즘의 충돌: 거절당하는 것이 두렵고, 거절당하지 않는 것은 더 두려운 모순된 고통

○ 결과: 열등감이 점점 더 심해진다.

○ 솔루션 제안

▲ 이면에 있는 긍정적 욕구에 주목한다. 열등감과 나르시시즘 뒤에는 사랑받고 싶고 받아들여지고 싶은 욕구가 있다. 두 가지를 모두 똑같이 받아들여야 더 이상 물과 불처럼 모순되지 않으며, 나란히 나를 지탱해주는 자원으로 전환된다.

▲ 나를 하나로 만든다. 고통은 여러 개로 분열된 자아에서 비롯되므로 자아를 하나로 만들어야 고통을 끝낼 수 있다. 호흡에 집중하고, '지금 대체 뭐가 문제야?'라고 자문하며, 추상적인 문제를 구체화하자. 피플 플리저 성향의 문제를 치유할 뿐 아니라 이로부터 더 성숙해질 수 있다.

제 4 장

돕지 않고는 못 배기는 사람들

신야오는 3개월의 수습 기간을 잘 마치고 드디어 자기 책상을 가지게 되었다. 바로 옆에 정수기와 프린터가 있어서 조금 북적거리기는 해도 사무실에 나만의 공간이 생기다니 마음만은 뿌듯했다.

아침에는 물을 받으러 온 직원들로 정수기 앞이 늘 인산인해다. 그 바람에 신야오는 오전 내내 정수기에서 나는 소리를 들으면서 업무를 해야 한다. 하루는 물통 수위가 내려가면서 소리의 톤도 조금씩 달라지는가 싶더니 어느 순간 아예 소리가 뚝 끊겼다. 동시에 물을 받던 직원이 중얼거렸다. "어? 물이 다 떨어졌네……." 신야오는 이 말을 듣자마자 반사적으로 하던 일을 멈추고 벌떡 일어나서 말했다. "제가 새 물통으로 바꿔드릴게요!" 그러고는 곧장 탕비실로 달려가 무거운 생수통을 낑낑거리며 가져와서 교체했다. 숨을 몰아쉬면서 정신을 차리고 보니 아까 물을 받던 직원은 이미 자기 자리로 돌아간 뒤였다. 신야오는 기분이 영 그랬지만, "생수통 새걸로 바꿔놨어요"라고 알려줬다. 그 직원은 미소 하나 없는 얼굴로 쳐다보면서 무덤덤하게 말했다. "네, 고마워요."

곧 추석이라 회사에서 월병 세트를 직원 선물로 준비했다. 구매 담당자는 바람이 불면 날아갈 것 같은 빼빼 마른 몸으로 혼자서 그 많은 월병 상자를 나르고 일일이 나눠주기까지 했다. 이 모습을 본 신야오는 괜히 가만히 있으면 안 될 것 같아서 또 벌떡 일어났다. "도와줄까요?" 그러자 구매 담당자는 감동한 표정으로 "아니에요. 혼자 해도 괜찮아요……. 정말 친절하시네요, 말씀만으로도 고마워요"라고 말했다. 이 말을 들으니 신야오는 도저히 다시 앉을 수가 없었다. "같이 해요. 제가 여기서 나눠놓을 테니까 가서 나눠주세요!"

퇴근이 얼마 남지 않았을 때, 신야오는 건물 입구에서 택배를 찾아가라는 연락을 받았다. 막 내려가려는데 옆 팀 직원도 택배를 가져가라는 전화를 받길래 이번에도 역시 못 참고 말했다. "택배 가지러 가시게요? 제가 가는 김에 같이 가져올게요!" 그 직원은 전혀 망설임 없이 "아! 그러면 너무 좋죠, 땡큐!"라더니 곧바로 한마디를 덧붙였다. "아, 신야오 씨. 내가 조금 있다가 회의에 들어가야 해서……. 아마 그때쯤 택배가 하나 더 올 것 같은데 그것도 좀 가져다줄 수 있을까요?"

기나긴 하루가 끝났다. 드디어 집에 돌아온 신야오는 작은 침대에 쓰러지듯이 누웠고, 곧 엄청난 피로가 엄습해 깜박 잠이 들었다. 꿈속에서 신야오는 버스를 타고 가다가 임신해서 배가 불룩한 여자에게 자리를 양보했다. 자리에 앉아 고개를 돌린 여자는 다름 아닌 시퍼런 얼굴에 기다란 송곳니가 입 밖으로 나온 마귀였다.

'좋은 사람' 콘셉트

피플 플리저는 항상 상대방이 말도 꺼내기 전에 먼저 돕겠다고 나선다. 보기에는 늘 상냥하고 친절해서 타인을 돕기 좋아하는 사람이니 무슨 문제인가 싶겠지만, 여기에는 사실 꽤 큰 문제가 있다. 진짜 타인을 돕기 좋아하는 성격이라면 도우면서도 즐거워야 하는데, 피플 플리저는 늘 피곤하고 고통스럽기 때문이다. 그럼 왜 그렇게까지 돕지 못해서 안달일까? 이유는 바로 '좋은 사람' 콘셉트를 유지해야 하기 때문이다!

#좋은_사람: 태그될 기회는 절대 놓치지 않는다

항상 먼저 나서서 남을 돕는 피플 플리저는 원하는 것이 많지 않다. 그저 칭찬과 감사 한마디면 충분하다. 신야오는 무거운 생수통을 옮기고, 남의 업무를 돕고, 택배까지 대신 가져다주면서도 아무런 보상을 바라지 않았다. 피플 플리저가 원하는 것은 오직 하나, 상대방이 자신에게 '#좋은_사람'이라는 태그를 달아주는 것뿐이다.

✦ 좋은 사람으로 훈련되다

어쩌면 이상하다고 생각할지도 모르겠다. '진짜? 단지 '좋은 사람'이라는 말을 듣고 싶어서 이렇게까지 한다고? 말도 안 돼!'

미국의 심리학자 스키너는 레버를 설치한 상자 안에 쥐 한 마리를 넣고 관찰했다. 잠시 후, 쥐가 상자 안에서 마구 뛰어다니다가 실수로 레버를 누르자 먹이가 하나 나왔다. 조금 있다가 쥐가 다시 레버에 살짝 부딪쳤더니 이번에도 먹이가 나왔다. 이렇게 해서 쥐는 레버를 건드리면 먹이를 얻을 수 있다는 사실을 알게 되었다.

알다시피 사람은 쥐보다 수백, 수천 배는 더 똑똑하다. 어렸을 때,

시키지 않아도 알아서 집안일을 도우면 부모님이 아낌없이 칭찬했을 것이다. 반대로 집안일에 협조적이지 않고 늘 하고 싶은 대로 놀기만 하면 부모님은 화를 내면서 꾸중했을 것이다. 이렇게 해서 우리는 타인을 도우면 미소, 칭찬, 격려 같은 보상을 얻을 수 있음을 학습했다.

피플 플리저 성향은 타고나는 것이 아니라 훈련의 결과다. 타인을 돕지 않고는 못 배기는 '좋은 사람'들도 사실은 훈련된 기술을 반복한다고 할 수 있다. 문제는 마치 조련사의 손아귀 안에서 명령을 따르는 동물처럼, 분명히 쏟아지는 칭찬과 박수갈채를 받는데도 왠지 감옥에 갇힌 듯한 고통을 지울 수 없다는 사실이다.

✦ 보상만 받을 수 있다면 뭐든지 한다

쥐를 이용해 피플 플리저 성향의 문제를 보여주는 실험이 하나 더 있다. 캐나다의 심리학자 브루스 알렉산더는 상자 두 개에 각각 쥐를 한 마리씩 넣었다. 첫 번째 상자에는 물과 액상 모르핀만 있었고, 두 번째 상자에는 이 두 가지 외에 쥐가 놀 수 있는 오락 시설을 설치했다. 얼마 후, 첫 번째 상자에 넣은 쥐는 모르핀 과다 섭취로 죽었다. 두 번째 상자에서 오락 시설을 이용했던 쥐는 액상 모르핀을 많이 먹지 않았다.

첫 번째 상자의 쥐처럼 사람도 쾌락과 보상을 위해서라면 심지어 죽음까지도 기꺼이 감수한다. 내면에 결핍이 있다면 더욱 그렇다.

죽음에 비하면 칭찬받고 싶어서 타인을 위해 생수통을 나르고, 업무를 돕고, 택배를 가져다주는 것쯤이야 얼마든지 할 수 있는 사소한 일이다. 특히 칭찬이나 인정을 받을 수 있는 다른 경로가 없다면 더 적극적으로 그렇게 할 것이다. 한 번도 칭찬해준 적이 없는 부모, 비난만 하는 배우자, 성취감을 얻기 어려운 업무는 칭찬에 대한 갈망을 더 키운다. 사람은 칭찬을 갈망할수록 타인에게 더 잘 보이려고 애쓰고, 잘 보이려고 할수록 원하는 것을 얻을 수 없음을 알게 되며, 얻을 수 없으면 더 절박해진다. 이 지경까지 간 사람은 마치 자기 삶의 의미가 타인을 이롭게 하는 기회를 절대 놓치지 않는 데 있는 것처럼 산다. 아주 조그만 틈이라도 어떻게든 비집고 들어가서 도와주고 약간의 호의와 칭찬이라도 얻을 수 있기를 기대한다.

✦ 아무리 도와도 결핍은 채워지지 않는다

이상의 이유로 피플 플리저는 '즐겁게 돕기'가 불가능하다. 남을 돕기 좋아하는 성격의 핵심은 즐거움이다. 이런 성격을 가진 사람들은 남을 도우면 마음이 즐거움으로 가득 차고 넘쳐서 주변에 긍정적 영향을 미친다. 반면에 피플 플리저는 남을 도우면서도 즐겁기는커녕 오히려 고통을 느낀다. 내면의 결핍이 극도로 심해져서 상대방이 결핍을 채워주기를 바라기 때문이다. 이 두 가지는 전혀 다른 이야기다.

가령 친구에게 아름다운 진주 목걸이를 선물했다고 하자. 당신은 이미 목걸이가 많은 사람인데 친구도 하나 있으면 좋을 것 같아 선물했다면 주면서도 기분이 좋았을 것이다. 하지만 만약 당신이 곧 굶어 죽을 것 같은 곤궁한 상황이라 목걸이를 주고 식량을 좀 얻어 올 요량이었다면 그 괴로움이 말도 못 할 것이다.

앞뒤 따지지 않고 무조건 먼저 나서서 타인을 돕는 행위는 자기 내면의 결핍을 채우려는 조치일 뿐, 넉넉하고 풍족한 내면에서 자연스럽게 배어 나오는 행동이 아니다. 그렇기에 아무리 도움을 베풀며 애를 써봐도 도무지 만족과 즐거움을 얻을 수 없다.

좋은 사람이라는 짐: 사랑받으려면 내려놓을 수 없다

적극적으로 타인을 돕겠다고 나서면 '#좋은_사람' 태그를 달 수 있고, 더불어 고립에 대한 공포도 잠재울 수 있다. 원치 않는 상황을 피하는 것은 이 행위 패턴을 강화하는 강력한 보상이다.

✦ '맞춰주기' 유전자

사실 어느 정도는 모든 사람의 영혼 깊은 곳에 '맞춰주기' 유전자가 있다고 할 수 있다. 자연에서 인간은 매우 취약한 존재다. 우리는 호랑이나 사자처럼 날카로운 발톱도 없고, 거북이나 악어처럼 견고한 갑옷도 없다. 만약 인간이 세상을 혼자 돌아다녔다면 진작에 멸종했을 것이다. 공격과 방어 능력이 모두 별로인 인간이 만물의 왕이 될 수 있었던 가장 중요한 원인은 바로 협력할 줄 알아서 집단의 힘을 발휘했기 때문이다.

협력은 '맞춰주기'를 바탕으로 이루어진다. 숲에서 원시인 두 명이 마주치면 상대방이 적인지 친구인지 어떻게 구분했을까? 미소를 짓고, 채집한 과일을 나누어주고, 길들인 새를 보여주고, 상대방이 하는 일을 도와주고……. 친구임을 입증하려면 이러한 맞춰주기 행위가 꼭 필요했을 것이다.

'맞춰주기'가 없으면 협력할 수 없고, 원시인은 협력하지 않으면 죽음의 위협에 직면해야 했다. 조상들이 대대손손 번성해 지금의 내가 존재하게 된 것은 그들의 맞춰주기 유전자가 그만큼 강력했음을 보여주는 방증이다. 조상들은 주변 사람들에게 맞춰주기를 성공적으로 해냈기에 집단에서 쫓겨나는 운명을 피할 수 있었다. 그때는 맞춰주기가 칭찬을 받기 위해서가 아니라 고립되는 절망감을 피하기 위한 행위였다. 맞춰주기 유전자는 선조들로부터 물려받은 귀중한 자산이다. 이 유전자 덕분에 우리는 더 쉽게 타인의 사랑을 받고, 더 쉽게 집단에 받아들여질 수 있다. 따라서 남에게 맞추는 행위가 무조건 나쁘다고 단정할 수는 없다. 다만 지금은 매일 맹수를 사냥하기 위해 수백 명이 협력해야 하는 시대가 아님을 기억해야 한다. 이 고도로 분업화한 사회에서 맞춰주기 유전자는 이미 구식이 되었다.

✦ 고립이라는 공포

대부분의 피플 플리저는 고립되어본 경험이 있다. 나는 처음 학교에 갔을 때, 내향적인 성격 탓에 친구를 잘 사귀지 못했다. 쉬는 시간이 되면 다른 아이들은 삼삼오오 무리 지어 재잘거리면서 제기나 고무줄을 들고 운동장으로 나가 놀았지만, 나는 혼자 교실에 남아 멍하니 그 모습을 바라보기만 했다. 계속 교실에만 있으려니 어색하고, 혼자 운동장에 가기는 더 이상해서 난감했던 기억이 난다. 나중에 담임 선생님이 복도에 몰래 숨어 있는 나를 발견하시고, 걱정 섞인 말투로 친구들과 좀 더 어울려보라고 하셨다. 그때부터는 복도에도 숨어 있을 수가 없었다!

시간이 흘러 드디어 친구가 한 명 생겼지만, 딱히 더 좋아졌다고 느끼지는 못했다. 그 친구는 내가 성격이 괴팍해서 같이 놀기가 힘들다고 말하고 다녔고, 그 바람에 다른 아이들이 나를 더 이해하지 못하게 되었다. 이 일로 나는 원래 있던 외로움에 분노와 공포까지 더하게 되었다.

상처가 나면 단단한 딱지가 생겨 스스로 피부를 보호하듯이, 고립되어본 적 있는 사람은 다시 고립되는 고통을 피하고자 적극적으로 타인을 돕는 방식의 맞춰주기 기술을 구사한다. 하지만 거칠고 불룩 튀어나온 딱지가 보기 싫은 것처럼 마냥 타인에게 맞추는 행위는 씁쓸하고 고달프기만 하다. 사랑 속에서 자란 아름다운 꽃이 아니라 고통 속에서 힘겹게 자란 가시덤불이기 때문이다.

물론 스스로 자신을 보호하려는 마음을 나쁘다고 할 수는 없다. 하지만 지금의 나는 고립당해도 어쩌지 못하는 어린아이가 아님을 깨달아야 한다. 혼자 책을 보거나 핸드폰을 하면서 시간을 보내면 뭐 어떤가? 왜 꼭 다른 사람과 함께 고무줄놀이를 해야 하는가? 이는 외향적이고 떠들썩하게 어울리기를 좋아하는 사람에게도 적용되는 이야기다. 우리는 더 이상 같은 반 안에서만 친구를 찾는 아이가 아니다. 이 울타리에서 찾기 어려우면 저쪽에 있는 더 커다란 울타리에서 찾아보면 된다. 꼭 같은 울타리 안에 있는 어떤 친구에게 맞춰야 하는 것은 아니다.

✦ 조금 나빠져도 괜찮다

피플 플리저가 좋은 사람 콘셉트에 집착하는 까닭은 그래야만 사랑받을 수 있다고 생각하기 때문이다. 이외에 다른 중요한 이유가 하나 더 있는데 바로 '나빠져본 경험'이 없어서다.

어렸을 때부터 줄곧 착한 아이였고 커서도 좋은 직원, 좋은 배우자, 좋은 친구로 살아온 사람은 자연스레 확신한다. 지금 자신에게 믿을 수 있는 친구, 협조적인 동료, 사랑하는 배우자가 있는 가장 큰 이유는 자신이 좋은 사람이기 때문이라고. 단언컨대 이런 확신은 당근 하나를 들고 위험한 정글을 무사히 빠져나온 후에 이것이 전부 당근 덕분이었다고 여기는 것만큼이나 엉뚱한 발상이다.

반항적인 아이는 친구가 없을까? 동료 대신 택배를 가져오지 않으면 직장에서 쫓겨날까? 남을 돕기를 좋아하지 않으면 비참하게 살게 될까? 당연히 아니다. 애초에 당근이 아니라 감자를 들고 정글에 들어갔어도 무사히 빠져나올 수 있었다. 지금이라도 '조금 나빠지는' 경험을 해보면 그렇게 살아도 여전히 친밀한 관계와 행복한 삶이 유지된다는 걸 알게 될 것이다.

조금 나빠지면 인간관계가 오히려 더 좋아질 수도 있다. 좋은 사람 콘셉트에 너무 집착하면 주변에 '흡혈귀'가 꼬이기 마련이다. 당연하지 않은가? 다른 사람이 이것도 해주고 저것도 해주기를 바라는 흡혈귀가 다른 흡혈귀와 어울리면 서로 희생을 바랄 테니 관계가 원만할 리 없다. 반면에 말도 꺼내기 전에 먼저 팔뚝을 들이밀면서 피를 빨아 가라고 제안하는 '좋은 사람'이라니! 흡혈귀 입장에서 이보다 더 이상적인 파트너는 없다. 우리는 조금 나빠질 필요가 있다. 그러면 흡혈귀는 불편함을 느껴 자연히 떨어져 나가고, 주변에 상호 협조적이고 존중하는 관계만 남게 될 것이다.

경계가 불분명한 '좋은 사람': 남의 인생도 내 책임이다

이야기하다 보니 피플 플리저가 꼭 보상이나 사랑 같은 이기적인 목적 때문에 먼저 나서서 타인을 돕는 것처럼 보인다. 당사자에게는 다소 억울한 결론일 수도 있다. 자기 딴에는 분명히 타인이 좀 더 편안해지기를 바라는 이타적인 목적이 있기 때문이다. 물론 그렇다고 해서 이런 맞춰주기 행위가 아주 훌륭하다는 의미는 아니다.

✦ 정확히 누구를 구하려는 걸까?

내담자 중에 자신은 특별히 남들과 갈등을 빚지 않는 편인데, 다른 사람들끼리 다투는 모습을 보면 괜히 불안해져서 자꾸 중재하려고 든다는 사람이 있었다. 한번은 이 내담자의 직장에서 동료 A와 B가 업무 진행 문제로 충돌했다. A는 중요한 일이니까 몇 번 더 검토하고 수정하는 과정을 거칠 필요가 있다고 했고, B는 그보다는 기한 안에 완성하는 것이 더 중요하며 모든 일을 완벽하게 해낼 수는 없다고 맞섰다. 내담자는 자신과 전혀 관련 없는 일이었지만, 두 사람이 다투는 소리를 듣고 있자니 좌불안석이 되어서 일에 집중하기가 힘들었다. 그래서 못 참고 A가 회의에 들어간 사이에 냉큼 B에게 가서 이야기했다. "A도 잘해보려고 그러는 거예요. 저번 회의에서 이 일이 얼마나 중요한지 들었죠? 위에서도 기대가 크더라고요." 또 점심시간에는 A와 따로 식사하면서 말했다. "사실 B가 하는 이야기도 일리는 있죠. 일을 생각만큼 완벽하게 해낸다면야 너무 좋겠지만, 현실적으로 불가능하니까요. 사실 우리는 그냥 회사에 다니면서 번 돈으로 가족들 먹여 살리기만 하면 되는 거예요. 그래봤자 회사 일이잖아요. 너무 그렇게 진지하게 정성을 다 쏟아부을 필요는 없더라고요." 내담자가 이렇게 동분서주하면서 애썼는데도 A와 B는 그의 체면을 세워주지 않았다. 비슷한 상황이 몇 차례 반복된 후, 이 내담자 주변에는 아무도 남지 않았다.

아마 궁금할 것이다. '대체 이 사람은 왜 이렇게 바보같이 쓸데없는 짓을 하는 거야?' 하지만 어렸을 때, 이 내담자의 부모님이 거의 매일 계속 싸웠고 걸핏하면 이혼 이야기를 꺼냈다는 사실을 안다면 어느 정도 이해가 되리라 생각한다. 어렸을 적의 나쁜 기억이 바로 그가 집요할 정도로 타인의 갈등을 중재하려는 원인이었다.

이 내담자의 무의식은 어렸을 때의 부모님과 지금의 직장 동료를 구분하지 않았다. 마치 물을 제대로 안 준 바람에 아끼던 장미꽃을 죽인 사람이, 새로 사 온 선인장에 강박적으로 물을 주다가 선인장마저 죽이는 꼴이다. 내담자는 어린 시절에 부모님과의 관계에서 느꼈던 무력감을 성인이 된 지금까지 가지고 왔다. 이제라도 자기 주변의 위태로운 관계를 어떻게든 구원해보겠다고 갖은 노력을 했지만, 도리어 무력감만 더 커지고 있었다.

✦ 경계가 없는 너와 나

직장 동료의 갈등을 중재한다거나 부모의 관계를 개선하려는 심리의 본질은 전부 '경계 상실'로 볼 수 있다. 어렸을 때는 자신과 부모를 분리하지 못하고 하나로 생각하기 때문에 부모가 즐거우면 나도 즐겁고, 부모가 슬프면 나도 슬프다. 따라서 부모의 관계를 안정시켜 따뜻한 가정을 만들고 싶은 심리는 충분히 이해할 수 있다. 문제는 이처럼 경계가 상실된 관계의 패러다임을 성인이 된 후에까지 버리지 못하면 살기가 쉽지 않다는 사실이다.

우선 커다란 무력감을 느낀다. 동료들끼리 의견이 맞지 않아도 나하고는 아무 상관이 없다. 내가 동료의 가치관을 바꿀 수 있는가? 그들이 내 방식으로 문제를 처리하게 할 수 있는가? 전부 불가능하다. 위층에 사는 남학생이 어떤 여자친구를 사귈지, 이웃이 어떤 고양이를 기를지를 간섭하는 것과 같은 일이라고 보면 된다. 내가 뭘 어떻게 할 수 있는 일이 절대 아니다.

또, 스스로 인간관계를 엉망진창으로 만든다. 겨우 몇 번 본 적 있는 위층 남학생에게 "네 새 여자친구는 별로인 것 같아"라고 말하면 어떻게 될까? 아마 그 남학생은 너무 황당해서 말문이 막히고 꺼림칙한 표정으로 당신을 바라볼 것이다. 그리고 앞으로는 나와 같은 엘리베이터를 타는 일조차 필사적으로 피할 것이다. 자신과 타인의 경계를 명확히 구분하지 못한 채 제 딴에는 돕겠다고 나서는 행위가 자칫 타인에 대한 다소 거칠고 폭력적인 간섭이 될 수 있다. 이는 자신을 고통스럽게 하는 동시에 타인을 불편하게 한다.

✦ 온 세상을 구할 수는 없다

불분명한 경계 외에 나르시시즘 또한 피플 플리저가 무조건 타인을 돕겠다고 나서게 만드는 동력이다. 아래층에 혼자 사는 노인에게 친절하게 대하고, 우울한 친구를 응원하고, 업무량이 많은 동료의 스트레스를 풀어주고, 떠돌이 개에게 밥을 주고…… 이 정도야 충분히 할 수 있는 일이고, 해도 문제없다. 그러나 지금 피플 플리저 성향의 문제를 해결하고자 이 책을 읽는 당신은 분명히 이보다 한 발 더 나간 행동을 감행했다가 쓴맛을 본 적이 있으리라 믿는다.

모든 사람을 돕고 구원하려는 심리의 본질은 니르시시즘이다. 사람은 자신만의 욕구와 능력 범위가 있어서 아무리 안 자고, 안 먹고, 안 쉬어도 세상의 모든 이를 돕기는 불가능하다. 오직 자신을 신이라고 여기는 사람만이 자신이 세상을 구할 수 있고, 온 세상이 자신보다 불쌍한 처지에 놓였다고 생각한다. "지옥이 텅 비지 않는 한 성불을 서두르지 않겠다. 모든 중생을 구하면 깨달음을 이루리라"라고 말한 지장보살이 무색할 지경이다. 하지만 온 세상을 구하는 과정에서 느끼는 무력감과 고통이 너무 크지 않은가? 그러니 다음에 또 다른 사람을 돕고 싶어서 엉덩이가 들썩이고 입이 근질근질하면 자신에게

따끔하게 말해주자. "제발 정신 차려! 설마 지금 지장보살도 성공하지 못한 일을 하겠다는 거야?"

좋은 사람의 쓴맛: 지치고, 고단하고, 피폐하다

좋은 사람 콘셉트에 집착하면 타인의 칭찬을 받고, 집단 안에서 안전감을 느끼며, 나르시시즘까지 만족하면서 어릴 적의 경계 없는 관계를 반복하게 된다. 사람이 계속 이렇게 살면 몸과 마음이 모두 한없이 지치고, 고단하고, 피폐해진다.

✦ 좋은 사람은 늘 지쳐 있다

현실적으로 '좋은 사람' 콘셉트를 꾸준히 밀고 나가려면 반드시 전심전력해야 한다. 신야오는 자기 자리에서 집중해서 일하고 가끔 핸드폰을 보며 쉴 수도 있었지만, 굳이 돕겠다고 자진해서 생수통을 가져와 교체했다. 이런 일은 체력이 상당히 소모되기 때문에 누가 하더라도 숨을 몰아쉬게 된다. 신야오에게 이상하리만치 끊임없이 누군가를 도울 일이 생기는 가장 큰 원인은 그녀가 항상 주변 동향에 신경을 쓰고 있기 때문이다. '정수기에 물이 얼마나 남았지? 물 마시고 싶은 사람이 못 마시는 거 아니야?' 뭔가를 유심히 보려면 상당한 에너지를 투입해야 하는데 이렇게 주변에서 일어나는 온갖 일에 신경을 쓰자니 몸과 마음이 지칠 수밖에 없다.

또 신야오는 원래 자기 택배만 가져오면 되는데 굳이 동료의 택배까지 가져다주기를 선택했다. 막상 내려가서 보니 동료의 택배는 족히 10kg은 되어 보이는 커다란 상자였고, 사무실까지 올라가는 가벼운 유산소 운동은 격렬한 무산소 운동으로 바뀌었다. 누구 탓을 하겠는가? 신야오가 옆 팀 직원이 통화하는 소리를 듣고 괜히 마음이 쓰여서는 자기도 택배를 가지러 간다고 설명까지 하면서 가져오겠다고 했으니 말이다. 만약 상대방이 예의상 사양하는 말을 했어도 신야오는 어차피 가는 길이어서 전혀 불편하지 않다고 설득했을 것이다. 생각만 해도 힘이 빠진다.

남을 돕는 데 에너지를 쓰지 말라거나 절대 아무에게도 도움을 주지 말라는 이야기가 아니다. 좋은 사람 콘셉트가 자신의 육체적, 정신적 능력의 한계를 넘어섰다면 좀 쉬어야 한다는 의미다. 적당한 신체 활동은 수면의 질을 향상한다. 도움을 주고 싶은 사람을 움직이게 놔두면 그가 숙면하는 데 도움이 되지 않겠는가? 이 역시 좋은 사람으로서 할 일이다.

✦ 좋은 사람은 고단하다

어떤 일을 하는 최고의 경지는 '힘든 줄 모르면서' 하는 것이다. 그런데 좋은 사람 콘셉트는 정말이지 사람을 너무나 고단하게 만든다.

앞에서 이야기한 대로 사실 좋은 사람이 바라는 건 무척 단순하다. 그저 타인이 칭찬 한마디 해주고, '#좋은_사람' 태그가 많이 달려서 고립되지만 않으면 충분하다. 객관적으로 봐도 들이는 공에 비해 실익이 한참 부족하다. 거의 금괴 하나를 사과 한 알로 교환하는 수준이니 밑져도 한참 밑지는 장사다. 그래도 성인끼리 오가는 일이니까 양측 모두 의향이 있고 충분히 만족한다면야 거래하는 데 문제는 없다. 진짜 문제는 아주 비싼 대가를 치르고도 원하는 것을 얻지 못하는 일이 비일비재하다는 데 있다.

나는 매일같이 이것저것 도와주는데 정작 상대방은 딱히 고마워하지 않을 수도 있다. 원래 사람은 타인과의 비교를 통해서 우월감을 얻는다. 가령 나는 하루에 10만 원을 받고 일하는 사람이고 큰 불만이 없었다고 하자. 그런데 어느 날, 동료는 하루에 20만 원을 받는다는 사실을 알면 기분이 나빠진다. 반대로 동료가 하루에 5만 원을 받고 있으면 이상하게 기분이 좋다. 인간관계도 비슷하다. 항상 내 물건을 함부로 가져다 쓰는 사람이 어느 날 초콜릿 하나를 주면 내게 잘해준 것 같아서 기분이 좋다. 또 다른 친구 생일에는 항상 3단 케이크를 준비하던 친구가 유독 내 생일에만 2단 케이크를 가져오면 나를 홀대한 것 같아 기분이 나쁘다. 이 둘 중에 누구에게나 잘하는 '좋은 사람'은 분명히 후자다. 타인을 돕느라 아무리 많이 노력하고 희생해도 그를 향한 나의 따뜻한 마음을 느끼게 하지 못한다면 무의미하다. 어쩌면 그는 내가 자기보다 다른 사람을 더 많이 도와준다고 불만을 품고 있을 수도 있다.

상대방이 도움을 받고도 고마워하지 않는 이유가 하나 더 있다. 타인을 도우면 자연스레 나는 그보다 높은 위치에, 그는 나보다 낮은 위치에 놓이게 된다. 알다시피 남보다 낮은 자리를 좋아하는 사람은 없다. 그래서 무의식적으로 고마워하지 않는 방법으로 보복하는 것이다. '감사를 받고 싶어서 그러는 거 같은데 그럴 일은 절대 없어! 좋은 사람이라는 소리를 듣고 싶은가 본데 원하는 대로 해줄 수는 없지! 내게 같은 친절을 바란다면 헛수고야. 꿈도 꾸지 마!'

좋은 사람 콘셉트를 유지하기가 이렇게나 어렵다. 금괴 하나를 사과 한 알로 바꾸는 일이 생각대로 안 될 수도 있으니 좋은 사람은 살기가 참 고단하다.

✦ 좋은 사람 콘셉트는 사람을 피폐하게 한다

물론 상대방이 그렇게까지 막무가내는 아니라 자신이 가진 사과 하나를 기꺼이 나의 금괴 하나와 바꿔줄 수도 있다. 덕분에 나는 원하는 대로 칭찬도 많이 받고 '#좋은_사람' 태그도 많이 달았으며 모두가 나와 어울리기를 바란다는 느낌을 받았다. 그렇다면 이 이후는 어떻게 될까?

이후에 나는 '좋은 사람'이라는 신분에 갇히게 될 것이다. 인간은 참으로 복잡한 존재다. 선의와 악의, 이기적인 마음과 이타적인 마음, 사랑과 증오, 열등감과 나르시시즘…… 이런 것들을 전부 가지고 있어야 자유롭고 건강한 사람이라 할 수 있다. 만약 누군가 자신은 선의나 이타적인 마음 같은 좋은 면만 있다고 말하면 듣기는 좋을지 모르나 그를 진심으로 받아주는 사람은 없을 것이다. 좋은 사람이 되려고 안간힘을 쓰면서 자신의 나쁜 면이 드러나는 일을 절대 용납하지 않을 때, 사람은 '물화(物化)'한다. 좋은 사람 콘셉트는 지켰을지 언정 더 이상 '사람'이 아니게 되는 것이다.

'#좋은_사람'으로 더 많이 태그되고 싶어서 자신을 더 좋게 바꾸고, 콘셉트에 어긋나는 행동을 할까 봐 항상 조심해야 할 것이다. 마치 인기 아이돌처럼 꾸준히 고수해온 콘셉트를 하루아침에 내던지기도 어렵고, 콘셉트를 유지하자니 그에 따른 부담감을 감당하기 힘들다. 어딜 가든지, 누구를 만나든지 항상 이런 부담감을 지고 다녀야 하니 사람이 얼마나 피폐해지겠는가! 대체 언제 쉴 수 있을까? 언제쯤 이 무거운 짐을 내려놓고 마냥 '좋은 사람'이 아니라 진실한 내가 될 수 있을까?

✦

조금 나쁜 사람이 되어본다

"어떻게 해야 '좋은 사람' 콘셉트에 대한 집착을 버릴 수 있을까요?"
라고 묻는 사람이 많다. 이 질문에 대한 내 대답은 언제나 간단하다.
"그럼 '조금 나쁜 사람'이 되어보세요!" 말장난 같지만 실제로 이보
다 더 효과적인 방법은 없다.

방법1: 조금 나쁘게 살아본다

원래 사람은 미지의 세계를 두려워한다. 조금 나쁘게 살아본 적이
한 번도 없는 사람은 그 결과가 어떨지 전혀 모르고, 모르기 때문에
더 두려워서 부정적으로 짐작한다. '그랬다가는 외톨이가 될 거야.
동료는 비협조적으로 나올 거고, 친구도 나를 멀리하겠지……' 마치
어두운 골목을 걷다가 휙 지나가는 그림자를 보고 강도나 귀신일까
봐 벌벌 떠는 모습 같다. 용기를 내어 조금 나쁘게 살아보면 현실은
상상만큼 무섭지 않다는 사실을 차츰 깨닫게 된다. 아까 그 그림자
는 멀리서 지나가는 자동차였음을 알고 웃음이 나올 것이다.

다음번에 누군가를 먼저 나서서 돕고 싶은 충동이 들면 속으로 '잠깐 기다려!'라고 외치고, 잠시 살펴보자. 내가 택배를 대신 가져다 주지 않으면 정말 동료가 비협조적으로 나올지, 내가 생수통을 바꿔 놓지 않으면 사람들이 나더러 눈치가 없다고 한마디씩 하겠는지, 내가 어려운 상황에 놓인 친구를 돕지 않으면 관계가 깨질지 가만히 생각해본다. 가만히 생각해보면 조금 나쁘게 살아도 큰 지장이 없으며 세상은 여전히 아름답다는 사실을 알게 될 것이다.

조금 나쁘게 살아도 계속 '좋은 사람'일 수 있다. 오히려 이제야말로 마음가짐이 완전히 달라졌으므로 진짜 '좋은 사람'이 된다. 예전에는 두려움 때문에 떠밀려서 한 선택이라 고통스러웠지만, 지금은 이성적 선택이자 선의의 표현이므로 진정으로 즐겁고 행복하다.

방법2: 남의 인생 과제에 끼어들지 않는다

저명한 심리학자 알프레드 아들러는 '인생 과제'라는 개념을 제시했다. 그에 따르면 사람은 자신의 인생 과제, 예컨대 사랑을 얻고, 친구를 만나고, 일과 여가를 즐기고, 역량을 더 향상하는 것 등을 잘 수행해야 하는 책임이 있다. 공부하기 싫은 학생이 숙제를 부모에게 떠넘기고 나 몰라라 하듯이 자신의 인생 과제를 등한시해서는 안 된다. 더 중요한 부분은 남의 인생 과제에는 절대 간섭하지 않는 것이다. 그가 어떤 배우자와 살든, 어떤 방식으로 생활하든 내가 신경 쓸 일이 아니다. 남의 인생 과제에 간섭하는 것은 마치 아이를 가르치는 부모처럼 자신도 지치고 아이가 스스로 책임질 권리도 빼앗는 행위와 같다.

일상생활에서도 마찬가지다. 동료가 물을 마시러 왔는데 마침 물이 다 떨어졌으면 안타깝기는 하지만, 물을 마시는 일은 그의 인생 과제지 나의 인생 과제가 아니다. 무거운 상자를 나르는 동료가 아무리 힘겨워 보여도 더 효율적인 방식을 찾는 것은 그의 인생 과제지 나의 인생 과제가 아니다. 동료가 바쁜 와중에 택배까지 받으러 가야 하면 물론 정신이 없겠지만, 본인이 주문한 물건을 찾아오는 일은 그의 인생 과제지 나의 인생 과제가 아니다. 그러니까 상대방이 말도 하기 전에 항상 먼저 나서서 도우려고 하는 것은 사실 그의 인생 과제에 간섭하는 행위다.

돕지 않고는 불편해서 도저히 못 배기겠으면 현재 발생한 상황이 누구의 인생 과제인지 생각해보자. 어려우면 상황을 묘사하는 문장을 만들고, 이 문장의 주어가 누구인지 보면 된다. 예를 들어 '이 씨는 마실 물이 없다', '장 씨는 바빠서 택배를 가지러 갈 시간이 없다'라는 상황 묘사에서 주어는 이 씨와 장 씨지 내가 아니다. 다시 말해 내가 아니라 그들의 인생 과제라는 이야기다. '나는 그들을 도와주지 못해서 속상하다', '나는 그들이 힘들어하는 모습을 두고 보기 어렵다'에서 주어는 분명히 '나'다. 즉 이것이 나의 인생 과제이므로 해결 방법을 찾아야 한다.

　이렇게 하면 점점 더 상황판단이 빨라져서 '좋기만 한 사람'이 아니게 될 수 있다.

방법3: 내가 좋은 사람임을 입증하지 않는다

법정에서 판사가 "당신은 자신이 범죄를 저지른 적 없는 좋은 사람임을 스스로 입증해야 합니다. 입증하지 못하면 당신은 유죄입니다!"라고 말한다면 어떻겠는가? 아마 이런 생각이 들 것이다. '말도 안 되는 소리! 나를 유죄로 판결하려면 죄를 지은 증거를 제시해야지, 나더러 무죄라는 걸 입증하라니 이게 무슨 논리야?'

　어처구니없지만, 좋은 사람 콘셉트에 집착하는 사람의 논리가 이런 식이다. 이 사람들은 끊임없이 주변에 도움을 제공함으로써 자신이 좋은 사람임을 입증하려 한다. 확실하게 보여주지 못하면 나쁜 사람이 되므로 돕기를 멈출 수 없다. 이것이 스스로 결백을 입증하지 않으면 유죄라는 논리와 뭐가 다른가? 스스로 자신을 들볶고 힘들게 하는 꼴이다.

　좋은 사람인지는 입증하고 말고 할 일이 아니므로 사고방식을 전환할 필요가 있다. '다른 사람이 내가 나쁘다는 걸 입증하지 못하면 나는 좋은 사람이야!'라고 생각해야 한다.

　매일 거울 앞에 서서 3분 동안 말하자. "나는 충분히 좋은 사람이야, 나는 충분히 좋은 사람이야, 나는 충분히 좋은 사람이야." 단순하고 다소 투박한 방법이지만, 계속하다 보면 신기하게도 이미 변화가 생겼음을 깨닫게 될 것이다.

하루 10번씩 자신을 칭찬하는 체크리스트를 만드는 것도 좋다. 단, 이때 타인을 돕는 행위는 칭찬 대상에서 제외한다. 예를 들어 이런 식이다. '오늘 중요한 일을 하나 끝냈네, 정말 대단해!', '오늘 노래 하나를 새로 배웠잖아, 정말 잘 부르더라!', '오늘 치마를 샀어, 이렇게 좋은 물건을 사다니 멋져!', '오늘 이탈리아 음식을 먹었어, 나를 위한 좋은 시간이었어!' 기억하자. 나는 타인의 행동 패턴을 바꿔가면서까지 그가 나의 좋은 면만을 보게 할 수는 없다. 하지만 나는 나의 좋은 면을 볼 수 있고, 스스로 자신의 욕구를 만족할 수 있다. 이것이 바로 나의 인생 과제다.

흔히 '선량함이 곧 지혜'라고 한다. 하지만 내면의 충돌 탓에 어쩔 수 없이 좋은 사람이 되려는 사람은 어리석기만 하고 뭐가 문제인지조차 모른다. 나쁜 사람이 될 수 없는 좋은 사람은 진정으로 좋은 사람이라 할 수 없다. 진정으로 좋은 사람은 분별 있는 선량함을 올바른 사람에게 베푸는 탁월한 능력이 있다. 이것이야말로 참된 삶의 지혜다.

NOTE

○ 핵심 문제: 먼저 나서서 돕지 않고는 못 배긴다.

○ 표현 방식: 항상 주변에 도움이 필요한 사람이 있는지 살피고, '#좋은_사람' 태

그를 달 기회를 놓치지 않는다.

○ 원인

　▲ 성장 환경: 칭찬받으려면 부모가 원하는 대로만 해야 했던 경험

　▲ 고립에 대한 공포: 미움받아서 외톨이가 되는 데 대한 두려움

　▲ 불분명한 경계: 타인의 생활도 내 책임인 것 같은 심리

○ 결과: 지치고, 고단하고, 피폐하다.

○ 솔루션 제안

　▲ 조금 나쁘게 살아본다. 조금 나빠져도 사랑받을 수 있음을 깨닫는다.

　▲ 누구의 '인생 과제'인지 가린다. 타인의 어려움은 그의 인생 과제이므로 간섭

하지 않고, 나는 돕지 않으면 괴로운 마음을 극복하는 일을 인생 과제로 삼

는다.

　▲ 내가 좋은 사람임을 입증하지 않는다. 사고방식을 전환해 자신이 좋은 사람

이라는 사실을 굳게 믿는다.

제 5 장

타인의 기대대로 사는 사람들

위자는 대학을 졸업하고 부모님이 원하는 대로 9시에 출근해 6시에 퇴근하는 직업을 선택했다. 연봉은 많지 않아도 매우 안정적이고 스트레스가 거의 없는 일이었다. 가족들은 이 정도면 젊은 여자가 하기에 아주 좋은 직업이고, 나중에 결혼해서도 일과 가사를 병행하기에 부담이 없다며 무척 흡족해했다.

하지만 정작 위자 본인은 생각이 달랐다. 대단한 성공이나 명예를 바라지는 않지만, 매일 똑같은 일을 반복하다 보니 답답하고 사는 게 재미가 없었다. '다른 일을 해보면 어떨까?'

한동안 이것저것 알아보던 위자는 드디어 한 회사로부터 입사 제의를 받아 진짜 해보고 싶은 일을 할 기회를 잡았다. 그러나 막상 행동으로 옮기려니 쉽지 않았다. 부모님이 반대할 것이 분명한데 동의 없이 감행하기에는 불안해서 도저히 견딜 수가 없었다.

이 걱정과 불안을 없애기 위해 위자는 일단 부모님과 대화해보기로 했다. 약간의 긍정과 응원이라도 얻어 상황이 훨씬 나아지기를 기대하면서.

그날 저녁, 위자는 집에 전화를 걸었다. 어떻게 말을 꺼내야 할지 주저하고 있는데 어머니가 불쑥 다른 이야기를 시작했다. "위자야,

너 둘째 고모부 여동생 알지? 원래 좋은 회사에 다니고 있었는데 기어코 창업한다고 퇴사하더니 지금은 글쎄, 사기꾼한테 속아서 가진 돈을 다 날렸단다. 한 푼도 못 건졌대. 너도 알지? 걔가 학교 다닐 때도 그렇게 철딱서니가 없었잖아……. 진짜 어떡하니! 지금 고모부네는 아주 초상집이야!"

이 이야기를 들은 위자는 입술 끝까지 나왔던 말을 도로 삼켰다. 직업은 뭐니 뭐니 해도 안정적인 것이 최고라는 부모님의 생각이 이렇게나 확고한데 대체 무슨 말을 할 수 있겠는가? 위자는 괜히 마음만 더 불편해져서는 건성으로 일상적인 안부 몇 마디만 더 나누고 전화를 끊었다.

전화를 내려놓자 알 수 없는 억울함이 밀려와 이불에 얼굴을 파묻고 한참을 펑펑 울었다. 잠시 후, 위자는 노트북을 열고, 입사 이야기가 오가던 회사에 메일을 썼다. 개인 사정으로 입사를 포기하겠다고.

키워드

인 정

피플 플리저에게 '인정'은 굉장히 중요한 화두다. 타인이 내 행동에 동의해주길 바라고, 타인이 나를 좋아하길 갈망하고, 타인이 나를 좋은 사람으로 봐주길 기대하는 모습이 전부 타인의 인정을 갈구하는 심리의 발현이다. 위자는 성인으로서 이떤 일을 할지 스스로 결정하지 못했다. 진짜 하고 싶은 일을 실행에 옮기려면 부모님의 인정이 꼭 필요했으나, 끝내 인정받지 못하자 불안을 견디기 괴로워 차라리 포기하는 편을 선택했다. 사실 부모님의 인정을 바라는 마음 자체에는 큰 문제가 없다. 진짜 문제는 위자가 인정받으려는 방식이 '병든 약자'의 그것과 같다는 점이다. '건강한 강자'가 인정받으려는 방식은 '네가 동의하든 안 하든 나는 할 거야. 나중에 내가 이룬 빛나는 성과를 보고 인정해줘!'이다. 반면에 피플 플리저는 '네가 동의하지 않으면 안 할 테니, 대신 책임은 네가 져!'라는 방식으로 인정을 갈구한다.

인정 중독: 하고 싶은 일 VS 해야 하는 일

피플 플리저는 인정받기 위해서 항상 자기가 하고 싶은 일은 무시하고, 해야 하는 일을 한다. 부모님이 내가 안정적인 직업을 갖기를 원하면 그런 직업을 선택하는 것이 내가 해야 하는 일이다. 내가 어떤 직업을 선택하고 싶은지는 딱히 생각해본 적조차 없다. 회사가 내게 책임감 있는 모습을 기대하면, 매일 밤 10시까지 야근하는 것이 내가 해야 하는 일이다. 회사의 기대이기도 하고, 성공을 바라는 청년이 마땅히 할 일이기 때문이다. 내가 일을 통해 얻고 싶은 것이 성공인지, 금전적 보상인지, 워라밸인지 따위는 진지하게 생각해본 적 없으며 궁극적으로 어떤 삶을 살고 싶은지는 더더욱 생각해보지 않았다. 이처럼 타인의 인정을 갈구하는 사람이 무의식적으로 '해야 하는 일'을 선택하게 되는 이유는 무엇일까?

✦ 행동에도 담보가 필요하다

'배서(背書)'란 원래 법률용어로 어음 소유자가 소유권을 타인에게 양도하기 위해 어음 뒷면에 서명하는 행위를 가리킨다. 배서하는 사람도 이 어음에 대한 담보 상환 책임을 지게 되므로 '타인을 위한 담보'라는 의미로 쓰기도 한다.

피플 플리저가 원하는 것이 바로 이런 것이다. 이들은 부모가 이직 결정에 동의해주지 않으면 마음이 불안해서 도저히 실행하지 못한다. 친해지고 싶은 사람이 있어도 주변에서 괜찮은 사람이라고 확인해주지 않으면 불안해서 말을 걸기조차 주저한다. 퇴근 시간이 넘어도 아직 일하는 동료들에게 "먼저 좀 일어나도 될까?"라고 묻지 않으면 꼭 일찍 나가는 느낌이 들어 불편하다. 주말에 부모님 집에서 식사하면서도 굳이 "이것 좀 더 먹어도 돼요?"라고 말을 하고 먹어야지, 안 그러면 무전취식으로 잡혀갈 것 같다. 전부 인정 중독이다. 이직 결정에 동의를 얻고, 사교 대상을 확인받고, 퇴근을 보고하고, 심지어 먹는 것까지 남들이 인정하고 허가를 해줘야 마음 편히 실행할 수 있다. 인정에 중독된 사람은 이처럼 늘 누군가가 자신의 행위를 '배서'해주기 바란다. 그러면 설령 일이 잘못되어도 혼자 책임지지 않아도 된다고 생각하기 때문이다.

이직하려는데 부모가 "좋은 생각이네, 한번 해봐!"라고 말해주면 혹시 나중에 일이 잘못되어도 "두 분도 좋다고 했잖아요. 전부 제가 잘못 판단한 탓만은 아니라고요!"라고 말할 수 있다. 부모에게 뒤집어씌우거나 책임을 지우려는 의도가 아니라, 일이 잘못되었을 때 부모가 "거봐라, 우리가 애초에 안 된다고 했잖니. 왜 말을 안 들어!"라며 화내는 상황보다는 낫다고 생각하기 때문이다.

반대로 부모의 인정을 받지 못했을 때, 하고 싶은 일이 아니라 그들이 기대하는 일을 선택하면 꽤 합리적인 선택인 것 같은 느낌이 든다. 위험을 줄일 수 있을 뿐만 아니라, 안전감이 훨씬 커지기 때문이다.

✦ 스스로 인질이 되다

항상 자기 내면의 생각은 무시한 채 타인의 기대에 맞춰 행동하는 사람은 마치 인질범 같다. 이 인질범이 잡은 인질은 다른 사람이 아니라 바로 자기 자신이다.

한 내담자가 자신은 매일 퇴근할 때마다 발걸음이 너무 무겁고, 정말이지 기력이 하나도 없다고 하소연했다. 매일 퇴근길에 그녀의 머릿속은 늘 복잡하다. 얼른 집에 들어가서 맛있는 식사를 준비하고, 부모님께 안부 전화를 드리고, 미리 여러 번 연습해둔 영어 그림책을 아이에게 읽어주고, 반려견과 놀아주고……. 종일 일하느라 에너지를 전부 소진했는데 집에 돌아가서도 쉬기는커녕 동분서주해야 한다고 생각하니 힘이 쪽 빠져서 걷기도 힘들 지경이다.

내담자에게 질문했다. "맛있는 식사를 준비하지 않으면 남편 반응이 어떨 것 같아요?" 그녀는 잠시 생각해보더니 말했다. "글쎄요, 반응이랄 게 없어요. 남편은 제게 잘해주거든요. 지금도 괜히 스트레스 받지 말라고, 그냥 나가서 먹거나 배달을 시켜도 괜찮다고 항상 이야기해요. 하지만 나는 좋은 아내라면 반드시 직접 식사를 준비해야 한다는 생각이 있어요. 그래야 남편과 아이가 가정의 따뜻함을 느낄 테니까요." 다시 물었다. "그럼 안부 전화를 드리지 않으면 부모님이 어떻게 생각하실까요?" 내담자는 다시 좀 더 생각하고 나서 천천히 대답했다. "마찬가지예요. 저를 힘들게 하는 분들이 아니거든요. 사실 꼭 매일 전화를 드릴 필요는 없어요. 하지만 자식이라고는 저 하나인데 제가 전화를 드리지 않으면 얼마나 적적하시겠어요!" 다음 질문은 "영어 그림책을 읽어주지 않으면 아이가 속상해하나요?"였고, 내담자는 이렇게 말했다. "솔직히 미리 연습하기는 해도 제 영어 수준이 애한테 도움이 될 정도는 아니에요. 하지만 다들 자녀 교육에 열을 올리잖아요. 안 그래도 일이 바빠서 아이랑 같이 있는 시간이 적은데 이런 거라도 안 하면 너무 미안하죠."

정리하자면 이 내담자가 매일 하는 모든 '해야 하는 일'은 누구 하나 강요한 적이 없고, 안 한다고 울고불고하거나 화내는 사람도 없는 일이었다. '좋은 아내는 맛있는 식사를 준비해야 한다, 좋은 딸은 부모님을 잘 보살펴야 한다, 좋은 엄마는 아이와 충분히 시간을 보내야 한다……' 전부 스스로 자신을 인질로 삼은 결과다.

인정이라는 심판대: 타인의 인정이 모든 판단의 기준이다

피플 플리저는 위험 부담을 혼자 떠안기를 꺼린다. 그래서 스스로 자신을 인질로 잡고, 타인의 인정을 받아야 하니 어서 '해야 하는 일'을 선택하라고 스스로에게 강요한다. 또 이들에게는 '동의를 얻지 못했다면 좋지 않은 것이거나 내가 부족한 탓'이라는 매우 확고한 믿음이 있다.

✦ 전부 내가 부족한 탓이다

'이직하고 싶었지만, 끝내 부모님의 허락을 받지 못하자 내 생각이 틀렸나 보다고 생각하고 포기했다.' 이와 유사한 일들은 피플 플리저의 삶에서 비일비재하다. 예를 들어 자녀가 노력 끝에 자격증 시험에 합격해서 소식을 전했더니 부모님은 뜨뜻미지근한 축하 인사와 함께 "시험은 시험일 뿐, 진짜 실력이 더 중요하다"라고 말했다. 그러면 자녀는 뭐에 홀리기라도 한 듯, 다시 더 높은 수준의 자격증 시험을 준비한다. 잠재의식 속에서 자신이 아직 많이 부족하고 실력을 충분히 증명하지 못해서 인정받지 못했다고 느꼈기 때문이다. 아내가 빨리 경제적 기반을 쌓으려는 마음에 출산 후 얼마 지나지 않아 바로 복직했다. 아내가 워킹맘으로서 살기가 녹록지 않아 가끔 투덜거리면 남편은 매번 "당신이 선택한 일이잖아. 돈은 내가 벌어 올 테니 집에서 아이나 키우라니까 왜 그렇게 고집을 부려?"라고 말한다. 그때마다 아내는 자신이 좋은 엄마도 아니고 심지어 올바른 선택을 내리지도 못했다는 자책에 휩싸인다. 남편과 가정의 인정을 받지 못하면 자기가 하는 모든 일이 무의미하며 모든 선택이 실패라고 굳게 믿기 때문이다.

또 이런 일도 있다. 마음에 드는 트렌치코트를 발견해 사고 싶었으나 가격이 너무 비싸서 고민이었다. 결국 친구를 데리고 다시 매장에 갔다. 친구가 잘 어울리니까 꼭 사라고 말해주기를 기대하면서. 그런데 예상과 달리 친구는 "너무 평범한 스타일이야. 세련된 맛도 없고…… 심지어 비싸네!"라고 말했다. 여전히 그 옷이 마음에 들지만, 친구의 말을 들으니 괜히 기가 죽고 망설이게 된다. '나는 정말 안목이 형편없구나. 머리가 어떻게 된 거 아니야? 이 옷은 그냥 안 사는 편이 낫겠어!' 마지못해 매장을 나오는데 어찌나 아쉬운지 친구 몰래 고개를 돌려 쇼윈도에 걸린 그 트렌치코트를 바라보았다.

✦ 좋고 나쁨에는 절대적 기준이 없다

'좋고 나쁨'의 기준에 대해 생각해본 적 있는가? 당신은 일을 통해 즐거움과 성취감을 얻기를 기대하지만, 부모님은 무조건 안정적인 직업이 최고라고 한다. 이처럼 양측이 원하는 것이 전혀 다른데 어떻게 무엇이 좋고, 무엇이 나쁘다고 말하겠는가? 당근 하나와 무 하나를 놓고는 둘 중 뭐가 더 좋은 것인지 말할 수 없다. 애초에 비교 가능성이 없기 때문이다. 군데군데 썩은 당근과 신선한 당근을 놓고 어떤 것이 더 좋은 당근인지 말하는 것과는 다르다.

옷을 살 때, 나는 품질을 더 중요하게 보고 친구는 유행을 더 중요하게 생각한다. 여기에서 누가 맞고, 누가 틀렸다고 말할 수 있는가? 판단할 수 없는 문제다. 그런데도 친구가 인정하지 않는다는 이유로 나의 선택이 잘못되었다고 여긴다면 이상하지 않은가? 어떤 사람은 결혼 생활에서 경제적 기반을 중요하게 생각하고, 어떤 사람은 사랑과 헌신을 더 중요하게 생각한다. 둘 중 어느 쪽도 틀렸다고 할 수는 없다. 상대방이 아니라 자신이 무엇을 원하는지 정확히 알고, 노력을 통해 원하는 것을 얻어야 비로소 행복과 만족감을 느낄 수 있다.

물론 타인의 인생관, 가치관에 공감할 수는 있다. 하지만 모든 사람에게 인정받을 수는 없다. 부모님은 자녀가 안정적인 직업을 선택하기 바라고, 배우자는 아내가 일을 그만두고 가정에 충실했으면 한다. 또 아이는 엄마가 성공의 롤모델이 되어주기를 희망한다. 이런 상황에서 좋고 나쁨에 대한 자신만의 명확한 기준이 없으면 주변 사람들의 온갖 판단 기준에 휩쓸려 다니느라 살기가 너무 괴로울 것이다. 모든 사람의 좋고 나쁨에 대한 판단을 만족시킬 수 없고, 모든 사람의 가치관에 따른 인정을 얻을 수 없기 때문이다.

✦ 인정은 타인을 만족시킨 결과다

단순히 인생관이나 가치관이 다른 거라면 그래도 괜찮다. 정말 큰 문제는 대다수 사람이 나를 인정해주는 이유가 그의 인생관, 가치관과는 아무 관계가 없고, 단지 내가 그를 만족시켰기 때문이라는 사실이다.

부모님 말씀에 따라 우직하고 성실한 남자와 결혼하면 안정에 대한 부모님의 욕구를 만족시킬 수 있다. 걱정과 불안을 덜게 된 부모님은 말 잘 듣는 착한 딸을 칭찬할 것이다. 하지만 우직하고 성실한 남자가 똑똑하고 능력 있는 남자보다 더 좋다고 할 수 있는가? 알 수 없다. 부모님이 딸의 결혼을 인정한 유일한 이유는 오직 딸이 자신들을 만족시켰기 때문이다.

직원이 매일 늦게까지 야근하면 사장은 유능한 직원이 이윤을 창출하기 바라는 자신의 욕구를 만족하고 무척 흡족해한다. 모두가 보는 자리에서 크게 칭찬하고, 보너스를 지급하거나 승진시킬 수도 있다. 하지만 밤낮없이 일하는 것이 인생에서 중요한가? 꼭 그렇지는 않다. 사장이 직원을 인정한 이유는 오직 하나, 사장을 만족시켰기 때문이다.

만약 나의 욕구와 타인의 욕구가 일치한다면 전혀 문제가 없다. 문제는 정작 자신의 판단과 욕구는 잊은 채, 맹목적으로 타인의 인정을 갈구하는 태도다. 그렇게 살면 점점 수동적이고 초라한 꼴이 되어 타인이 '인정'을 미끼로 설치해둔 함정에 빠져 허우적거리게 될 것이다.

타인이 나를 인정해주지 않는 까닭은 내가 하는 일의 옳고 그름, 좋고 나쁨과 전혀 관계가 없다. 그는 단지 내가 자신을 만족시켜주지 않아서 인정하지 않는 것이다. 그런데도 기어코 그의 인정을 얻기를 바란다면 너무나 어리석다.

생사가 달린 문제: 인정받지 못하면 살기 힘들다

상술한 내용이 이해하기에 그리 어렵지 않았으리라 믿는다. 그렇다면 피플 플리저도 이제 자신의 '인정 중독'을 이해하고, 다시는 병적으로 타인의 인정을 갈구하지 않을 수 있을까? 안타깝게도 그렇게 간단한 일이 아니다.

✦ 빠져나갈 수 없는 악순환

내게 기대하는 일을 하는 방식으로 타인에게 맞추면서 살면 정말 심각한 악순환에 빠지게 된다. 몸매 관리 때문에 걱정하다가, 그 스트레스를 음식으로 풀고, 그러다 보니 살이 더 찌고, 살이 찌니까 더 불안해지고, 불안을 잊으려고 맛있는 음식을 더 많이 먹고…… 이런 식의 악순환 말이다. 타인에게 인정받으려는 마음에 하고 싶은 일이 아니라 해야 하는 일을 하면 가장 먼저 자아를 상실한다. 사람이 자아를 잃으면 자연스럽게 열등감이 생기고, 열등감을 느낄수록 타인의 인정이 간절해져서, 나중에는 아예 타인이 인정하는 일만 하는 지경에 이른다. 이래서는 자기 발로 악순환을 빠져나오기가 어렵다.

타인이 나를 인정함으로써 자신의 사적인 욕망을 채우는 걸 알면서도, 좋고 나쁨은 절대적 기준이 없음을 알면서도, 내가 스스로 나를 인질로 잡은 걸 알면서도 이 악순환에서 빠져나올 용기가 나지 않는다. 정말이지 너무나 어려운 일이기 때문이다.

타인의 의지 안에서 계속 살다 보면 내면에 점차 자신에 대한 불신이 생겨난다. 부모님 말씀에 따라 전공을 선택한 사람은 부모의 가치관이 지배하는 삶을 산다. 친구의 추천대로 옷을 사 입은 사람은 친구의 심미관에 맞는 모습으로 산다. 이런 사람은 어느 날 스스로 뭔가를 선택해야 할 때, 순간적으로 멍해지고 공포마저 느낀다. 내가 믿어온 가치관이 뭔지, 어떤 것이 내 스타일인지, 절대 알 수 없다. 이 공포는 너무나 쉽게 사람을 압도해서 자기 삶의 책임을 타인에게 전가하는 악순환으로 되돌아가게 만든다. 이 악순환에서 헤어나오지 못하는 사람은 자신을 믿지 못하기 때문에, 무엇을 해야 하는지 확실하게 정해주는 타인에게 의지하면서 제발 그가 나를 '인정'해주기를, 그가 나의 행위를 '배서'해주기를 간절히 바라며 산다.

이런 공포, 하릴없음, 절박함, 고통에 시달리느라 피플 플리저는 늘 기진맥진한 모습이다. 마치 타인으로부터 인정받지 못하면 더는 살아갈 수 없을 것처럼.

✦ 인정을 향한 숭배

어릴 때의 경험도 타인의 인정을 신격화하는 요인이다. 어떤 사람들은 타인의 인정이 마치 공기라도 되는 양 없으면 살 수 없을 것처럼 굴지만, 사실 인정은 벽에 걸린 장식화 같은 존재다. 있어도 되고, 없어도 사는 데 아무 지장이 없다.

어느 날, 당신은 길을 걷다가 어떤 사람이 달걀 하나를 높은 돌계단 위에 내려놓는 모습을 보았다. 그 사람은 달걀 앞에 무릎을 꿇은 채, 경건하게 기도했다. '미친 사람인가? 저건 그냥 보통 달걀일 뿐이잖아!'

호기심을 참지 못하고 다가가서 왜 그렇게 달걀을 신처럼 모시는지 물어보니 이런 대답이 돌아왔다. "500년 전에 내 조상이 굶어 죽을 지경에 놓였는데 풀숲에서 우연히 달걀 하나를 발견해서 살아남았습니다. 덕분에 대가 끊기지 않고 이어져서 지금 제가 이렇게 있을 수 있게 된 거죠. 이러니 어찌 달걀을 신으로 모시지 않을 수 있습니까? 쉿, 조용히 해주세요. 지금 달걀신께서 내려주시는 계시를 들어야 합니다." 이야기를 들어보니 전혀 이해가 안 되는 건 아니지만, 중

얼거리지 않을 수 없었다. "감사함을 잊으면 안 되기는 하지만, 그래도 이건 좀 과하지 않나……."

인정에 대한 집착은 이 사람의 달걀 숭배와 별반 다를 바가 없다. 어렸을 때는 아직 세상이 돌아가는 이치나 규칙을 잘 모르므로 부모나 선생님, 그리고 어떠한 권위가 인정함으로써 무엇이 옳은지, 인정하지 않음으로써 무엇이 그른지 알려줘야 했다. 그렇지 않으면 중요한 규칙들을 배우지 못해 사회에 제대로 뿌리내리고 생존하지 못했을 것이다. 하지만 지금은 이미 다 자라서 규칙도 잘 알고 판단력까지 갖추었다. 그런데도 여전히 정신은 부분적으로 먼 옛날에 갇혀서 타인의 인정에 자신의 생사가 달렸다고 생각하는 것이 문제다. 인정이라는 달걀을 높디높은 돌계단 위에 모셔놓고, 그 밑에 엎드려 입을 맞추면서 종복이 되겠다고 맹세하는 것과 다르지 않다. 좀 과하지 않은가? 다른 것도 아니고 단지 인정이라고 불리는 달걀일 뿐인데 말이다.

인정 중독의 쓴맛: 잃어버린 나, 멀어진 성공

그렇게 인정을 갈구해서 정말 그것을 손에 넣었는가? 마음을 비우고 자신에게 물어보면 실상은 그렇지도 않음을 알게 될 것이다. 자신의 욕구를 희생하고 끊임없이 타인이 기대하는 일을 해도 인정에 대한 갈증은 단 한 번도 해소된 적 없다. 왜 그럴까?

✦ 이래도 괴롭고, 저래도 괴롭다

살면서 가장 고통스러운 일 두 가지는 '간절하지만 얻지 못하는 것' 과 '얻었지만 좋지 않은 것'이다. 놀랍게도 피플 플리저는 타인의 기대대로 살면서 이 두 가지 고통을 동시에 겪는다. 이들은 하고 싶은 일을 할 수 없는 동시에 하기 싫은 일을 울며 겨자 먹기로 해야만 한다. 마치 눈앞에 사랑하는 사람이 있는데도 어쩔 수 없이 부모님이 권하는 사람과 결혼해 한평생 살아야 하는 만큼이나 괴로운 일이다.

더 견딜 수 없는 부분은 이런 상황이 다른 누구도 아닌 자신의 선택이라는 사실이다. 다른 사람이 강요했으면 저항이라도 해볼 텐데, 스스로 자신에게 강요했으니 달리 저항할 데도 없다. 그 결과, 가슴 속에 강한 분노가 마구 요동치고 쌓이더니 급기야 분출할 데 없는 공격성으로 전환되어 스스로 자신을 더 못살게 군다.

이렇게 내면이 불안정한 사람은 진정한 의미에서 자신과 타인의 인정을 얻기 힘들며 성공과도 인연이 없다. 첫 번째 이유는 모든 일을 이루는 기초가 바로 '좋아하는 것'이기 때문이다. 내가 좋아하는 사람이어야만 기꺼이 함께 어려움을 해결해가며 더 친밀하고 깊은 관계가 되고 싶어진다. 내가 좋아하는 일이어야만 실패해도 무너지지 않고 계속 시도해서 원하는 결과에 이를 수 있다. 그런데 피플 플리저는 항상 내가 좋아하는 일은 제쳐두고 굳이 타인이 좋아하는 일을 한다. 여기에 무슨 열정을 불태우고 끈기를 발휘해서 성공을 이루겠는가?

두 번째 이유는 사람의 마음이 일을 처리하는 능력은 한계가 있기 때문이다. 예컨대 라디오를 들으면서 요리할 수는 있으나, 음식을 망치지 않는 이상 주의 깊게 듣기는 어렵다. 과학 연구를 하면서 동료와의 문제를 생각할 수는 있지만, 그랬다가는 아마 보고서에 오류가 생길 것이다. 마찬가지로 온 정신이 '타인의 비위를 맞춰 어떻게든 인정받겠다'는 생각으로 점령당한 사람은 어떤 일도 제대로 해낼 여력이 없다.

마지막 세 번째 이유는 인정받으려고 하는 수 없이 한 일 때문에 생겨난 분노를 풀 데가 없고, 줄곧 억눌려온 공격성이 무시무시한 괴물로 변하기 때문이다. 그러면 사람은 이 괴물이 외부로 튀어나오지 못하게 하려고 본능적으로 모든 공격적인 언행을 삼가게 된다. 사실 어떤 의미에서 공격성은 삶을 전진케 하는 중요한 원동력이며, 성공역시 공격성이 다분한 일이다. 내면의 공격성을 계속 억누르기만 하면 '타인이 인정하는' 성공한 사람이 아니라, '타인이 인정해줘야 비로소 행동하는' 피플 플리저로 영원히 살아야 한다. 이렇게 해서 인정을 받아도 무섭고 못 받아도 무서우며, 실패해도 걱정이고 성공해도 걱정인 고통스러운 상태가 계속된다.

✦ 권력은 곧 책임이다

인정 중독에 빠진 사람들이 진정한 의미의 인정을 받지 못하고 성공과도 인연이 없는 이유가 하나 더 있다. 바로 '무책임'하기 때문이다.

어쩌면 항의가 들어올지도 모르겠다. "무책임하다고요? 무능하다는 말은 참고 넘어가도, 무책임하다는 말은 절대 동의할 수 없어요! 나만큼 책임감이 강한 사람도 없지 않나요? 책임감이 워낙 강한 탓에 부모님이 기대하는 일만 하고, 매일 남편을 위해 식사를 준비하고, 최대한 아이와 놀아주고 있잖아요. 어떻게 내가 무책임하다고 말할 수 있죠?" 맞다. 원래 인정 중독자는 타인의 인정이 간절하므로 주변 사람들에 대한 책임을 굉장히 훌륭하게 수행한다. 정작 자신에 대한 책임은 나 몰라라 하면서.

앞에서 언급했듯이 피플 플리저가 타인의 인정을 갈구하는 모습은 위험을 타인과 공동 부담하겠다는 심리에서 비롯된다. 부모님이 기대하는 삶을 살고, 친구의 취향에 맞춰 결정하고, 배우자가 원하는 모습이 되고……. 그럼 자신은 대체 어디에 있는가? 마치 오늘은 엔지니어, 내일은 요리사, 모레는 예술가로 사느라 자신이 진짜 무엇을 원하는지도 모르는 것처럼 아무것도 이루지 못한다.

권한과 힘, 즉 권력은 곧 책임을 의미한다. 자기 존재에 대해 책임질 때만이 스스로 잘 살아가는 권력을 가질 수 있고, 자신만의 기쁨과 고통을 창조하면서 유일무이한 멋진 삶을 살 수 있다.

✦ 환영에 인정을 갈구하다

사실 누군가의 기대에 따라 살면서 인정받는 것도 일종의 능력이다. 어쩌면 그 덕분에 일이 더 잘 풀려서 성공을 이루고 명예를 얻을 수도 있다. 그런데 내가 타인이 기대하는 대로 살았다고 그가 만족할까? 나는 정말 타인이 기대한 일을 한 걸까? 꼭 그렇지는 않을 수도 있다.

위자가 이직 이야기를 꺼내려고 했을 때, 어머니는 둘째 고모부의 여동생이 창업에 실패했는데 그녀가 예전부터 철이 없었으며 이 일로 지금 둘째 고모부네 분위기가 영 좋지 않다고 말했다. 이 이야기를 들은 위자는 '안정적인 직업을 포기하면 철이 없는 행동이고, 부모 말을 안 들으면 손해를 본다'라는 부모님의 뜻이 확고하다고 생각했다. 그런데 어머니가 정말 그렇게 말했는가? 아니다. 위자 혼자서 부모님은 당연히 자신의 선택에 동의하지 않으리라고 생각, 아니 짐작했을 뿐이다. 부모님이 직접 '순리에 어긋난다'라고 말하는 것과 위자가 '부모님은 틀림없이 순리에 어긋난다고 하겠지'라고 생각하는 것은 완전히 다른 이야기다. 마치 어떤 사람이 직접 지진을 경험한 것과 인터넷에서 '믿을 만한 소식통에 따르면 내일 지진이 일어난다'라는 말을 듣는 것이 전혀 다른 것처럼.

용기를 내서 "지금 제가 하는 일은 무의미해요. 좀 더 도전적인 일을 하고 싶어요"라고 말했다면 부모님이 걱정은 하겠지만 이해해줬을지도 모른다. 하고 싶은 일이 따로 있는데도 부모님이 '기대한다고 생각하는' 일만 묵묵히 한다면 이는 정말 부모님이 아니라 자기 내면의 '환영'의 기대에 맞춰 사는 것에 불과하다. 이 환영은 '내일 지진이 일어난다'라는 유언비어처럼 아무 근거도 없이 불안과 공포만 조장할 뿐, 전혀 도움이 안 된다.

어떤 사람은 사장이 자주 야근하는 동료를 크게 칭찬하면 꼭 나보고 들으라는 말 같아서 마음이 불편하다. 사장이 "자네는 야근 한 번 안 하면서 무슨 일을 한다는 거야?", "야근 안 하면 보너스는 없어!"라고 말하는 것처럼 들린다. 당연히 사장은 이렇게 말하지 않았지만, 자기 혼자 속으로 그런 뜻이 분명하다고 확신한다. 사장의 말에 어떤 의도가 숨겨져 있는지, 아니 애초에 다른 의도가 있는 것이 맞는지도 알 수 없다. 어쩌면 사장은 야근하는 직원이 기특하기는 해도 보너스는 주기 싫어서 말로만 크게 칭찬하고 넘어가려는 의도였을 수도 있다. 자기 내면의 환영에 맞춰 사는 사람은 아무리 열심히 해도 생각만큼 좋은 소리를 못 듣는다.

그러니 '해야 하는 일'을 틀림없다거나 너무 당연한 것으로 생각하지 말기 바란다. 충분히 소통하지 않으면 상대방이 진짜 원하는 것이 무엇인지 영원히 알 수 없다.

✦
새로운 사고방식으로 인정받는다

강조하건대 타인의 인정을 바라는 마음이 잘못되었다는 이야기가 아니다. 인정은 사랑, 지지, 안전처럼 모든 이에게 필요하다. 중요한 것은 어떻게 얻는가다. 옛말에 군자도 재물을 좋아하나 취하려면 반드시 도가 있어야 한다고 했다. 자신을 만족시키는 방식이 옳아야 결과에도 문제가 없다.

방법1: 인정을 자급자족한다

인정이라는 말을 들으면 타인으로부터 받는 것이라는 생각이 가장 먼저 든다. 하지만 타인에게서 얻는 인정은 정말이지 믿을 만한 것이 못 된다. 인정을 갈구하는 심리는 사랑받고 싶은 심리와 상당히 유사하다. 내가 아무리 상대방에게 잘해줘도 정작 그는 나를 싫어할 수도 있다. 다시 말해, 타인이 나를 좋아할지, 타인이 나를 인정해줄지는 내가 어떻게 할 수 있는 일이 아니다. 이제 와서 나이 든 부모에게 자녀를 격려하는 법을 제대로 배우라고 할 수도 없고, 친구더러 나를 칭찬하는 기술을 연마하라고 할 수도 없다. 그렇다면 내게 필요한 인정은 대체 어디에서 얻어야 할까? 바로 나 자신이다.

타인에게 기대어 만족을 얻는 방식은 어린아이가 하는 것이다. 성인이라면 스스로 인정에 대한 욕구를 만족하는 법을 배워야 한다. 어렸을 때, 부모님이 먹는 것에 대한 나의 욕구를 채워주셨듯이 이제는 스스로 나를 길러내야 한다.

그럼 어떻게 해야 인정에 대한 욕구를 스스로 만족할 수 있을까?

① 모욕적인 인정은 거부하고, '셀프 인정'을 한다.

타인에게 인정을 구걸하느니 셀프 인정, 즉 스스로 자신을 인정해주는 편이 훨씬 낫다. 나 스스로 통제할 수 있는 일이기 때문이다. 예를 들어 요즘 다이어트를 한다고 말했는데 어머니가 "무슨 다이어트를 해, 건강이 최고지!"라고 했다면 기분이 어떨까? 어머니의 의도가 무엇이든 이런 반응은 오히려 맥만 빠지게 하고 다이어트를 계속하는 데 도움이 되지 않는다. 이럴 땐, 다이어트는 절대 쉬운 일이 아니니 스스로 자신의 행위를 인정해주면 된다. "다이어트 식단을 벌써 일주일이나 유지하다니, 나는 의지력이 꽤 강한 편이야! 이대로만 하면 금방 살을 쪽 뺄 수 있을 테니까 앞으로도 꾸준히 해봐야지!" 모든 사람은 인정을 통해 자신감과 추진력을 얻는다. 다른 사람이 인정해주지 않는다면 나 스스로 인정해주면 된다.

② 진행 상황을 시각화하고, 강력한 '증거 자료'를 수집한다.

인정은 "정말 대단해!"라고 한마디 던지는 심리 마사지가 아니다. 자신을 제대로 인정해주려면 능력을 입증할 증거 자료가 꼭 필요하다. 누군가를 인정하는 가장 강력한 증거가 뭘까? '결과'를 떠올리는 사람이 많겠지만, 아니다! 좋은 결과는 어쩌면 행운이 따랐을 수도 있고, 시작부터 유리했을 수도 있으므로 뭔가를 설명하기에는 부족할 때가 많다. 오직 '과정'만이 누구도 부인할 수 없는 능력을 보여준다. 끊임없이 노력함으로써 조금씩 일으키는 변화를 목격해야만 유의미하다.

따라서 인정에 대한 욕구를 만족하고 싶다면 일의 진행 상황을 시각화할 필요가 있다. 예를 들어 위자가 이직 문제를 곧장 부모님의 심판대에 올려 허락받으면 실행하고, 허락받지 못하면 포기하려고 했다면 어떻게 될까? 당연히 부모님의 인정에 통제되어 자신은 무력하고 부모님은 강하다는 착각에 빠지게 될 것이다. 반면에 위자가 부모님이 심판하기 전에 먼저 '나는 강하다'라는 증거 자료를 수집해놓는다면 상황이 완전히 달라진다.

위자의 경우라면 이직 과정 전체를 도표로 만들 수 있다. 직사각형 여러 개에 전체 진행 상황을 단계별로 표시하고, 어떤 노력이나 결과가 있었을 때마다 해당 직사각형을 색칠한다. 예컨대 새로운 일에 필요한 자격증을 취득하면 해당 직사각형을 빨간색으로 칠하고,

열심히 노력해서 첫 번째 일거리를 찾으면 해당 직사각형을 파란색으로 칠하는 식이다.

이렇게 하면 자신이 새로운 일을 감당할 능력이 얼마나 있는지 한눈에 보인다. 설령 부모님이 '매우 미성숙하며 철없는 행동'으로 심판해도, 스스로 자신을 충분히 인정할 만한 증거 자료를 확보했으므로 더 이상 타인의 생각에 휘둘리지 않을 수 있다.

③ 물고기를 잡으려면 물고기가 있는 곳에 간다.

연목구어(緣木求魚), 즉 나무에 올라 물고기를 얻으려고 한다는 말을 들어봤을 것이다. 맹자는 제나라 선왕에게 "천하를 통일하는 대망을 무력으로 달성하려고 한다면 이는 나무에 올라가 물고기를 구하는 것보다도 잘못된 방법"이라고 했다. 나무 위에서 물고기를 잡다니 정말 그런 사람이 있을까? 안타깝게도 피플 플리저가 그렇다.

피플 플리저가 그렇게까지 타인의 인정을 갈구하는 까닭은, 기본적으로 타인이 자신을 인정할 때 희열, 만족, 행복 같은 감정을 느껴 기분이 좋아지기 때문이다. 다시 말해 상대방이 신체 기관인 입을 통해 내뱉는 "정말 대단해!"라는 말 한마디가 아니라 '좋은 기분'을 원하는 것이다. 그런데 실제로는 어떻게 하고 있는가?

타인의 비위를 맞추고 그의 기대에 따라 행동했을 때 느끼는 무력감, 불안감, 혼란을 유심히 살펴보면 문제가 어디에 있는지 보인다.

또 그동안 자신이 줄곧 연목구어와 다를 바 없이 행동했음을 깨닫게 될 것이다. 희열, 만족, 행복 같은 좋은 기분을 자신이 아니라 타인에게 맞추며 사는 고통 속에서 찾다니, 결과가 좋을 리 있겠는가?

그토록 바라는 인정을 얻고 싶다면 엉뚱한 데서 찾지 말고, 반드시 올바른 곳으로 가자. 작가 서머싯 몸은 "순간의 두근거림은 쉽게 얻을 수 없으니 절대 소홀히 해서는 안 된다"라고 말했다. 인정받았을 때 느껴지는 좋은 기분을 원한다면 그것이 있는 곳에서 찾아야 한다.

시험에 통과했을 때, 직장을 구했을 때, 일을 효율적으로 완성했을 때 느끼는 성취감, 효능감, 희열에 주의를 기울여보자. 그렇게만 해도 내면에서 스스로 자신을 인정했음이 느껴질 것이다. 다른 사람이 건네는 칭찬 몇 마디에 집착하지 않고도 이미 원하는 것을 얻은 셈이다.

방법2: '해야 하는 일'에서 '하고 싶은 일'로

우리가 항상 타인의 기대 속에서 사는 중요한 이유 중 하나는 선택해야 할 때, '해야 하는 일'의 우선순위를 더 높게 보기 때문이다.

사실은 주말에 늦잠을 자고 싶은데 친구 집에 가서 이사를 도와야 할 경우, 당신은 후자, 즉 해야 할 일을 선택할 것이다. 더 재미있는 일을 하고 싶은데 부모님은 당신이 안정된 생활을 하기 바란다. 부모님의 바람이 곧 당신이 해야 할 일이므로 후자를 선택한다. 퇴근 후에 친구와 밥도 먹고 수다도 떨고 싶지만, 좋은 아내라면 저녁 식사를 준비하는 것이 마땅히 해야 할 일이니 얼른 집에 가야지 어쩌겠는가? 이런 생각들이 머릿속에서 계속 오락가락하니 분명히 옳은 선택을 하는데도 이상하게 괴롭기만 하다.

이런 곤경에서 벗어나기 위해 머릿속 '선택 프로그램'을 업그레이드할 때다. 지금부터는 어떤 선택을 마주하더라도 '하고 싶은 일'을 선택해야 한다. 이 새로운 프로그램을 꼭 인생에서 가장 중요한 선택에만 적용할 필요는 없다. 일상 속 아주 사소한 일부터 시작할 수 있다. 오늘 저녁에 먹고 싶은 삼겹살을 먹을지, 건강에 좋은 샐러드를 먹을지 모르겠다면 먹고 싶은 삼겹살을 먹는다. 내가 마음에 드는 치마를 살지, 아니면 남편이 추천하는 치마를 사야 할지 모르겠다면 내가 좋아하는 스타일로 산다. 만나면 즐거워서 또 보고 싶은 사람과 더 시간을 보낼지, 사귀어두면 도움이 될 것 같은 사람에게 시간을 할애해 돈독한 관계를 맺을지 모르겠다면 전자를 선택한다. 아마 처음에는 조금 어려울 수 있지만, 강한 의지를 발휘해 적응해나가기 바란다. 시간이 흐를수록 '하고 싶은 일'을 선택하는 편이 차츰 더 쉬워질 것이다. 하고 싶은 일을 선택해도 제멋대로 사는 것은 아니다. 생각보다 위험하지도 않으며 오히려 점점 더 즐겁고 자유롭게 멋진 경험을 즐길 수 있다.

이 대목에서 좋아하는 아일랜드 작가 오스카 와일드의 명언을 전하고 싶다. "내가 원하는 삶을 사는 것은 이기적이지 않다. 타인에게 나의 바람대로 살라고 요구하는 것이야말로 이기적이다." 나 자신이 되자. 그래야만 괜히 다른 사람을 '이기적'이라는 비열함에 빠지지 않게 할 수 있다.

○ 핵심 문제: 내가 하고 싶은 일이 아니라 타인이 기대하는 일을 한다.

○ 표현 방식: 자신이 하는 모든 일에 대해 주변 사람들의 인정과 허락이 필요하다.

○ 원인

　▲ 책임 거부: 위험 부담을 혼자 지기 싫고, 타인이 함께 책임져주기 바람

　▲ 셀프 인질범: 스스로 자신에게 매우 높은 기준을 요구함

　▲ 확고한 믿음: 인정받지 못했다면 전부 내가 부족한 탓

○ 결과: 나를 잃고 성공에서 멀어진다.

○ 솔루션 제안

　▲ 셀프 인정, 진행 상황 시각화, 자기 내면 들여다보기 등의 방식으로 인정에

　　대한 욕구를 스스로 만족한다.

　▲ 머릿속 '선택 프로그램'을 업그레이드해서 해야 하는 일이 아니라 하고 싶은

　　일을 선택한다.

✦ 제 6 장 ✦

미소를 멈출 수 없는 사람들

야난을 아는 사람이라면 누구나 그녀가 정말 성격이 좋다고 입을 모은다. 그도 그럴 것이 야난은 언제 봐도 늘 상냥하고 따뜻한 미소를 띤다.

한때 야난은 미소의 기술에 능숙한 자신이 무척 만족스러웠다. 어렸을 때는 친구를 잘 사귀지 못해 놀이터에서도 항상 혼자 놀았다. 외롭고 쓸쓸했던 야난은 영리하게도 친구가 많은 아이는 어떻게 친구를 사귀는지 유심히 관찰하기 시작했고, 또래 중에 가장 인기 있는 여자아이가 항상 밝고 부드럽게 웃는다는 사실을 알아챘다. 이때부터 야난도 모든 사람에게 미소를 짓기 시작했다.

학창 시절, 야난은 복도에서 같은 반 친구의 얼굴이 보이면 얼른 미소를 지어 보이며 상냥하게 말을 걸었다. 선생님이 지나가면 아는 분이든 모르는 분이든 냉큼 입꼬리를 부드럽게 올리고 "선생님, 안녕하세요!"라고 인사했다. 그랬더니 학교 생활에 전혀 어려움이 없고, SNS 팔로워 수도 점차 늘어났다.

성인이 된 후, 야난에게 미소는 이미 일종의 본능이 되었다. 직장에서는 원래 알았든 몰랐든, 친하든 안 친하든 눈이 마주치는 모두에게 미소를 지었다. 아파트 단지에서도 경비원과 미화원에게 항상 먼저 미소를 보냈고, 혹여 웃는 얼굴을 보일 기회를 놓칠까 봐 늘 세심하게 주변을 살폈다.

사실 처음에는 야난도 전혀 문제를 인식하지 못했다. 미소란 사회에서 환영받는 행위로 동료에게는 예의를, 경비원과 미화원에게는 인성을 보여줄 수 있는 아주 효과적인 장치였기 때문이다. 어린 시절의 경험에서만 봐도 미소는 인맥을 관리하는 데 실제로 꽤 효과적인 방법이어서 앞으로도 꾸준히 해야겠다고 마음먹기까지 했다.

그런데 언제부터인가 야난은 미소 때문에 자꾸 불편한 일이 생긴다고 느끼기 시작했다. 한번은 동료에게 미소를 지었는데 그가 못 본 건지 아니면 다른 이유가 있는지, 아무런 반응을 보이지 않았다. 이 일은 야난을 매우 불편하게 만들었다. '왜 같이 웃어주지 않을까?', '이상하네…… 내가 뭐 잘못했나?' 비슷한 일이 몇 번 생기자 슬슬 주변 사람들에게 적개심마저 들었다. '정말 왜 저래, 어떻게 사람이 보고 웃는데 아무 반응을 안 하지?' 나중에는 고민도 생겼다. '다음에 저 사람을 보면 웃어야 하나, 말아야 하나……'

이런 일들은 야난의 마음속에 불안, 두려움, 분노, 모순으로 차곡차곡 쌓였다. 살짝 미소만 지었을 뿐인데 내면의 고통과 현실의 골칫거리를 초래한 것이다. 급기야 야난은 자신의 미소에 무슨 문제가 있는 건 아닌지 의심하기 시작했다. 대체 어디서 문제가 생긴 거야?

키워드

안 전 감

피플 플리저가 항상 미소를 짓고 있는 까닭은 즐거워서가 아니라 오히려 불안해서다. 친구 하나 없이 혼자 놀이터에서 놀 때, 어린 야난은 혼자라는 사실이 불러온 외로움과 동시에 자신에게 우호적인 사람이 없다는 사실에 두려움마저 느꼈다. 야난이 보기에는 모든 이이가 자신을 적대시했다. 아니라면 왜 친구가 되어주지 않겠는가? 이 불안감을 완화하기 위해서 야난은 미소를 배웠다.

다행히 미소를 통해 친구를 사귀는 데 성공했지만, 안타깝게도 야난은 진정으로 안전하다고 느껴보지 못했다. 굶어 죽기 직전에 노동으로 음식을 얻은 사람이, 지금은 괜찮아도 일이 끊어지면 다시 굶어 죽을 지경에 놓이리라는 공포에 떨듯이.

이토록 위험한 세상: 미약한 내가 할 수 있는 건 미소뿐

유인원도 미소를 짓는다는 사실을 알고 있는가? 생물학자들에 따르면 미소를 지을 줄 아는 동물은 사람만이 아니다. 무리에서 서열이 낮은 유인원은 공격이나 위협을 마주하면 사람이 짓는 미소와 상당히 유사한 표정으로 상대에 대한 두려움을 표현하고 동정을 구한다. '아이고, 형님! 시키는 대로 할 테니 제발 때리지 마세요!'라는 의미다.

유인원의 가까운 친척으로서 사람이 타인에게 짓는 미소도 의미가 별반 다르지 않다.

✦ 나의 호의를 보여줄게요

피플 플리저가 타인에게 보내는 미소는 인성이 훌륭하거나 예의 바르고 교양이 있어서라기보다 자신의 호의를 보여주는 행위에 가깝다. 회사에 처음 들어갔을 때, 야난은 너무 뛰어난 동료들 사이에서 스트레스와 불안감을 느꼈다. 어떤 사람은 실력이 탁월했고, 어떤 사람은 경력이 흠잡을 데 없었다. 그에 반해 자신은 이제 막 학교를 졸업한 풋내기에 불과했다. 그래서 야난은 보이는 모든 사람을 향해 미소를 지어 보이면서 자기 뜻을 전달했다. '보세요, 나는 해롭지 않고, 말을 잘 듣는 사람이에요. 그러니까 나를 강력한 경쟁자로 보고 사사건건 못살게 굴 필요 없어요. 시키는 대로 할게요. 무슨 일이든 당신과 부딪칠 일 없으니 안심해요!'

심지어 거주 중인 아파트 단지에서도 불안하고 걱정이 많았다. 야난이 집에 없을 때 경비원과 미화원이 안전과 위생을 각각 책임지는데, 이들에게 호의를 보이지 않으면 여러모로 불편해질 수 있다. 경비원은 낯선 사람이 집 앞에서 수상쩍은 짓을 하든 말든 신경도 안 쓸 것이고, 미화원은 현관 앞 청소를 건성으로 할 것이다. 그래서 야난은 '자신에게 서비스하는 사람'에게 활짝 미소를 지어 보였다. '봐요. 나는 당신의 고용주지만, 이렇게 호의를 베풀고 있잖아요. 그러니 괜히 뒤에서 다른 수작을 부려서 나를 속상하게 하지 말아요. 당신이 나를 공격하지만 않으면 다 괜찮을 거예요.'

✦ 세상은 원래부터 위험했다

지금쯤이면 피플 플리저의 피해망상이 얼마나 대단한지 눈치챘으리라 믿는다. 특히 주변의 모든 사람은 악의를 품고 있고 세상은 위험천만한 곳이라 여기는 기저 심리에 주목할 필요가 있다. 이런 심리는 피플 플리저를 매번 미소 짓게 만드는 힘이다.

이런 기저 심리는 대체 어떻게 생겨났을까? 일반적으로 사람은 아동기에 안전감을 확립한다고 알려져 있다. 좀 더 정확히 말하자면 아이가 어머니의 품을 떠나 조금씩 세상을 탐색하는 때가 바로 안전감을 확립할 기회다. 이때 주 양육자의 태도, 즉 주 양육자가 아이를 어떻게 격려하는지, 아이가 부딪힌 문제를 잘 처리하는지, 지친 아이의 곁에 있어주는지가 중요하다.

아이의 세상 탐색을 제한하는 양육자는 아이가 달팽이를 한번 만져보려고 하면 "안 돼, 병균이 얼마나 많은데!"라면서 못 하게 하고, 아이가 새 친구랑 놀고 싶다고 하면 "안 돼, 쟤네 아빠는 술주정뱅이야!"라며 차단한다. 이러면 아이는 자연스럽게 세상이 위험하다고 여기게 된다. 마찬가지로 아이가 세상 탐색 중에 어려움에 부딪히면, 예컨대 풀밭에서 놀다가 세균에 감염되거나 친구와 다투면 이렇게 말하는 양육자도 있다. "그러니까 거기서 놀지 말라고 했잖아!", "그래서 엄마가 그 아이랑 놀지 말라고 한 거야. 걔는 좋은 친구가 아니야!" 이런 말을 듣고 자란 아이는 '세상은 위험하다'라는 양육자의 생각에 물든다. 또 세상을 탐색하다가 지쳐서 돌아봤는데 양육자가 없으면 아이는 '세상은 나쁘다'라고 여긴다. 자신이 세상과 교류한 탓에 양육자가 사라졌다고 생각하기 때문이다. 아이에게 양육자는 나쁜 존재일 수 없으며, 나쁜 것은 오직 위험한 세상이다! 이렇게 형성된 강한 불안감은 제대로 처리되지 않으면 평생을 따라다닌다.

피플 플리저는 이런 불안을 없애려고 부지런히 미소를 짓는다. 비굴하기 짝이 없는 안전감이라도 얻기를 희망하면서 말이다. 하지만 이렇게 한다고 근본적인 문제가 해결되지는 않는다. 타인에게 미소를 보내고 그의 기분과 비위를 맞추는 행위는 스스로 자신을 약자의 자리에 두는 것과 진배없다. 약자가 어떻게 세상이 안전하다고 확신하고, 강한 힘을 바탕으로 안전감을 느끼겠는가? 약자의 자리에 있는 사람이 타인에게 전달하는 메시지는 '나는 만만한 사람'이라는 것뿐이다. 이 메시지를 받은 상대방은 자연스럽게 나를 업신여길 것이며, 이런 상황은 '사람들은 매우 나쁘고 나보다 강하다'라는 인식을 더욱 강화한다.

✦ 나는 만나면 기분 좋은 사람이다

안타깝게도 피플 플리저는 자신에게 이런 문제가 있다는 사실 자체를 모른다. 자신이 느끼는 고통과 '멈추지 못하는 미소'를 연관시키지도 못한다. 미소는 사회에서 허락되었을 뿐 아니라, 널리 권장되는 행위이기 때문이다.

우리는 마트 판매원이 사든 말든 관심 없다는 표정보다는 미소를 지어주기 바란다. 다른 사람에게 뭔가를 물어볼 때는 그가 거만한 눈빛이 아니라 미소 띤 얼굴로 설명해주기를 기대한다. 하루를 마치고 귀가하면 가족들이 울상이 아니라 입꼬리가 올라간 즐거운 얼굴로 맞아줬으면 한다. 바로 이런 일들이 미소를 합리화하는 명분이 된다. 약자가 느끼는 두려움, 굴욕적인 호의로 점철된 미소를 지으면서도 속으로는 계속 생각한다. '미소는 언제나 옳아, 미소는 아주 좋은 행동이야, 예의 바르고 교양 있는 사람은 미소의 가치를 잘 알고 있지, 사람들은 모두 미소 띤 얼굴을 좋아해, 나는 사람을 즐겁게 만들 줄 아는 좋은 성격을 가졌어……'

틀렸다. 미소가 태도일 수는 있어도 성격이 될 수는 없는 법이다. 판매원이라면 미소를 직업적 소양으로 삼고, 어머니는 미소를 사랑을 표현하는 방식으로 선택한다. 또 사회인으로서 미소를 일종의 사교 수단으로 사용하는 것도 가능하다. 하지만 미소를 성격으로 바꿀 수는 없다. 사람이란 희로애락이 모두 있는 존재여야 한다. 다른 감정은 배제한 채, 미소가 곧 나이고 내가 곧 미소인 양 굴면 완전한 사람이라고 할 수 없다. 능동적으로 선택한다면야 미소가 일종의 기술이자 예의와 교양의 표현일 수 있다. 하지만 피동적으로 반드시 미소를 지어야 한다면 불안에 휩싸인 미소의 노예로 전락한다. 이런 사람은 억지 미소라는 고된 노동에 지쳐 극심한 고통을 겪는 나날이 계속될 것이다.

비굴한 안전감: 제발 공격하지 말아줘

'세상은 위험하고, 나는 미약하다'라는 잠재의식은 피플 플리저가 공격성을 보이는 데 심각한 방해 요소가 된다. 무기 하나 없이 숲에서 흑곰을 맞닥뜨렸을 때, 힘의 불균형이 이렇게나 극명한 상황에서 공격성을 드러내는 무모한 사람은 아마 없을 것이다. 그래봤자 죽기밖에 더 하겠는가. 정신분석학에 따르면 공격성과 리비도(성욕)는 사람이 가지고 태어나는 본능으로 충분히 만족하지 못하거나 표출할 대상을 찾지 못하면 심리적 문제를 일으킬 수 있다. 우울증도 공격성을 외부로 표출하지 못하자 어쩔 수 없이 내부, 즉 자신을 공격해 생기는 경우가 많다. 이러한 자기 공격의 가장 극단적인 형태가 바로 자살이다. 그 정도까지는 아니어도 피플 플리저 역시 이로 말미암아 여러 가지 심리적 문제를 겪을 수 있다.

✦ 나는 누구를 공격할 주제가 못 된다

피플 플리저는 감히 누구도 공격하지 못한다. 타인과 직접 다투거나 공개적으로 타인을 반대하는 일은 생각도 못 하고, 상대방이 나를 경쟁자로 여기거나 잘난 사람으로 보는 일조차 너무나 불편하다.

무엇보다 상대방의 보복이 걱정된다. 만약 동료를 보고도 미소를 지어 자신이 해로운 존재가 아님을 알리지 않으면 덜컥 겁이 난다.

'너무 공격적으로 보이지 않았을까? 그가 스트레스를 받아서 나를 괴롭히면 어쩌지?' 또 마트 계산원에게 미소를 통해 '나는 당신을 공격할 만한 사람이 아닙니다'라는 메시지를 전달하지 않으면 그가 나를 너무 거만하게 보고 기분 나빠할까 봐 걱정스럽다.

한편으론 상대방의 질투도 두렵다. 공격적으로 경쟁에 뛰어들어서 좋은 결과, 이를테면 높은 직위나 수입 같은 것을 얻으면 기쁘기보다 두려움이 앞선다. '동료들이 나를 질투해서 괜히 나쁜 마음을 먹지는 않을까?'

끝없이 이어지는 이런 생각들은 피플 플리저의 불안을 차츰 더 키운다. 그래서 곤란한 상황을 피하고, 남의 눈치를 보지 않고, 질투의 대상이 되지 않기 위해 애써 미소를 지으며 세상을 향해 외친다. "당연히 당신이 나보다 위죠. 나는 당신을 공격할 생각이 전혀 없어요!"

✦ 억누를수록 커지는 공격성

이런 식의 행동은 의도와 달리 내면의 공격성을 오히려 더 키우기만 한다.

원래 욕구는 아무리 억눌러도 사라지기는커녕 점점 더 강렬해진다. 누군가가 나를 욕하면 화가 나서 나도 똑같이 해주고 싶어진다. 이때 '그는 강하지만, 나는 약하다'라는 기저 심리가 출현해 피플 플리저에게 속삭인다. '하지 마, 그랬다가는 그가 나를 가만두지 않을 거야. 얼른 미소를 지어서 그의 비위를 맞춰.' 어떤 사람이 인상을 쓰면서 가르치듯 말하면 짜증스러워서 몸을 홱 돌려 그 자리를 피하고 싶다. 이때도 '그는 강하지만, 나는 약하다'라는 기저 심리가 나타나 피플 플리저를 타이르기 시작한다. '그러지 마, 저 사람이 화가 나서 보복하면 어쩌려고 그래? 너는 절대 견디지 못할 거야. 제발 빨리 미소 지어!' 피플 플리저는 매번 이런 식으로 자신의 공격성을 억누른다. 하지만 억눌린 공격성은 사라지지 않고 내면에 차곡차곡 쌓여서 급기야 통제할 수 없는 지경에 이르게 된다.

사실 말이 공격성이지 그래봤자 남들과 몇 마디 논쟁하거나 대놓고 불만을 말하는 정도가 전부다. 이렇게 작은 공격성이라도 표출되지 못하고 계속 억눌리기만 하면 원자폭탄처럼 거대한 위력을 가지게 된다. 마치 원래 식욕은 배가 고파졌을 때 뭔가를 먹으면 해결되는 아주 정상적인 본능인데, 다이어트 때문에 장기간 만족하지 못하면 어느 순간 폭식, 폭음할 생각만 드는 것처럼 말이다. 원래 사람은 본인을 기준으로 세상을 인식한다. 따라서 자기 내면의 공격성이 커진 만큼 타인의 공격성도 분명히 그러리라 생각한다. 그럴수록 세상은 더 두렵기만 하고, 내면의 공격성을 한층 더 세게 억누른다.

이런 상태로 시간이 흐르면 우울, 불안, 기분 저하, 두통, 불면증 등의 문제가 발생한다. 전부 감히 타인은 공격하지 못하고 자신밖에 공격할 수 없어서 기진맥진해진 몸이 내보내는 절규다.

✦ 공격해도 세상은 무너지지 않는다

자기 공격으로 말미암은 극심한 고통에서 벗어나려면 공격성을 외부로 표출하는 것 외에 달리 더 좋은 방법이 없다.

우선 '받아치기' 기술을 연마해야 한다. 남이 나를 때려도 똑같이 때리는 일은 사회 질서상 허락되지 않지만, 나를 나쁘게 말한 사람에게 똑같이 해주는 일 정도는 용인된다. 이때 자신과 타인의 공격성이 모두 생각만큼 그렇게 무시무시하지 않다는 사실을 충분히 의식해야 한다.

누군가와 말다툼하다가 죽임을 당해서 뉴스 헤드라인을 장식하는 일 따위는 현실에서 굉장히 드물다. 살다 보면 다른 사람과 큰소리를 주고받을 일이 생길 수 있다. 그렇다고 해도 정상적인 사람이면 이 일로 평생 서로 증오하고 매일 복수를 다짐하지는 않는다. 내가 다소 공격적으로 행동해도 세상은 절대 무너지지 않는다. 일이 아무리 커져봐야 양쪽이 며칠 속상한 정도다. 며칠만 지나면 친밀했던 원래의 관계로 돌아간다. 설령 상대방이 정말 인연을 끊겠다고 막무가내로 나오더라도 너무 서운해할 필요는 없다. 그렇다면 어차피 오래가지 못할 관계였으니 소중히 할 가치가 없다. 명심할 점은 공격성, 즉 분노나 불만의 표출도 소통의 수단이라는 사실이다. 내가 제대로 '받아칠 수 있어야' 상대방도 나를 더 잘 이해할 수 있다.

공격성을 표출하는 방식이 받아치기 하나만은 아니다. 규칙 안에서 경쟁하면서 내면의 공격성을 승화할 수도 있다. 즉 경쟁에 참여해 성과를 올리고 인정받는 것도 모두 공격성을 표출하는 방식이 된다. 아이를 잃은 어머니가 매일 눈물을 흘려야만 슬픔이 해소되는 것은 아닌 것처럼 말이다. 아이에 관한 노래를 만들어 부름으로써 자신이 느끼는 고통을 표현하고 비통함을 승화할 수도 있다.

물론 피플 플리저는 이조차도 꺼려질 것이다. 그들에게 경쟁이란 곧 상처를 의미하기 때문이다. 내가 이기면 상대방이 다치고, 다친 상대방은 나를 질투하거나 증오하고 심지어 복수를 시도할 것이다. 반대로 내가 지면 나는 아무것도 못 한다는 좌절감에 빠질 것이 분명하다. 이래도 저래도 전부 상처뿐이니 경쟁 같은 건 제발 피하고만 싶다.

이 문제를 해결하려면 우선 경쟁을 보는 시각을 바꿔야 한다. 경쟁은 네가 죽고 내가 살아야 하는 전쟁터가 아니다. 이런 생각은 오랫동안 억눌린 공격성이 만들어낸 뒤틀린 결과물이다. 이제는 경쟁을 자기 초월의 과정, 즉 더 나은 자아가 되는 과정으로 보아야 한다. 이 과정을 통해 더 나은 자아를 만든다면 더할 나위 없이 좋고, 그저 원래의 자아를 온전히 지키기만 해도 좋다. 생각을 바꿔야 자기 내면을 공격하려는 악마의 농간에 휘둘리지 않는다. 나아가 사회가 용인하고 자신을 끊임없이 성장시키는 멋진 출구를 찾아 내면의 공격성을 표출할 수 있다.

미소의 쓴맛:
무엇보다 안전을 바라지만 불안은 끝이 없다

알다시피 노력했지만 아무 보상이 없는 것만큼 좌절감이 드는 일도 없다. 피플 플리저는 이런 고통에 가장 익숙한 사람이다. 일말의 안전감이라도 얻어보겠다고 끊임없이 미소 지으며 남의 비위를 맞추고는 있는데, 잘되어가고 있을까? 아니다. 이상하게도 안전감을 얻기는 커녕 점점 더 불안해진다.

✦ '미소 평등'은 법으로 보장되지 않는다

타인에게 미소 지을 때, 피플 플리저가 바라는 것은 많지 않다. 그저 상대방도 자신에게 미소를 지어주기만을 바랄 뿐이다. 미소를 통해 "나는 순종적인 사람이니까 공격하지 말아줘"라고 알렸으니 상대방도 미소로 "나도 너처럼 순종적이야. 그러니까 우리 서로 괴롭히지 말자"라고 말해주기를 기대한다. 이렇게 되어야만 편안하고 안전하다고 느끼기 때문이다. 아니면 최소한 상대방이 미소를 통해 "그래, 말만 잘 들으면 괴롭히지 않을게!"라고만 알려줘도 괜찮다.

반면에 타인이 내가 보인 미소와 호의에 아무런 응답도 하지 않으면 어떨까? 심지어 내 미소를 본 상대방이 '안 그래도 만만한 상대가 하나 필요했는데…… 제 발로 걸어 들어왔네!'라고 생각한다면 대체 어떻게 해야 할까? 안타깝게도 사람만 보면 자동으로 미소를 남발하면서 호의를 보이면 이런 상황이 생길 확률이 매우 높다.

생각해보자. 나는 미소를 지었는데 그가 미소를 지어주지 않았다고 법에 호소할 수 있는가? 고소는 둘째 치고, 이런 일을 무슨 사건으로 봐줄 사람조차 없으니 그저 운이 나빴다고 생각할 수밖에 없다. 불안한 나를 위해 정의를 구현해줄 사람은 없다. 이런 현실은 피플 플리저의 불안감을 한층 더 강화한다.

✦ 약자의 세상에 안전은 없다

내가 하는 행동이 곧 내가 되는 법이다. 나무를 심어 과일을 수확하면 농부가 되며, 매일 빵을 구워 가난한 사람들에게 나눠주면 자선 사업가가 된다. 마찬가지로 세상 모든 사람에게 미소 짓고 호의를 보이면 약자가 된다. 그렇게 되라고 강요한 사람은 없다. 스스로 자신을 약자의 위치에 가져다 놓은 것이다.

약자가 어떻게 안전감을 느끼겠는가? 당연한 이치다. 위험한 상황에서는 무장한 사람이 강자이고 안전감을 느낀다. 무장하지 않은 사람은 제발 나를 해치지 말라고 애걸복걸해야 살 수 있다. 이런 사람은 자신의 운명이 타인의 손안에 있으니 하루도 마음 편할 날이 없다. 피플 플리저도 그렇다. 내가 안전감을 느낄 수 있는가가 타인의 기분이나 그가 선의를 베풀 용의가 있는지에 달렸다면 영원히 안전감을 느낄 수 없다.

더군다나 계속 무분별한 미소 남발로 약자의 포지션을 확고히 하면 강자가 될 가능성에서 점점 더 멀어진다. 야난은 미소를 이용해 직장에서 누구와도 부딪히지 않았다. 절대 타인과 경쟁하지 않았고 혹시라도 질투를 살 만한 일은 아예 시작도 안 했다. 그런 탓에 유능한 사람으로 변모할 기회, 타인과 관계없이 스스로 당당히 일어서는 강자가 될 기회를 상실했다. 계속 이렇게 살면 어느 순간, 미소로 만든 가짜 안전감으로는 작은 시련조차 견뎌내지 못하는 자신을 발견하게 된다. 하지만 때는 이미 늦어 영원히 약자로 살 수밖에 없다.

✦ 숨어봤자 안전하지 않다

불안감이 커지면 물에 빠진 사람이 허우적대듯이 본능적으로 자구책을 찾게 된다. 하지만 깊은 수렁에 빠진 사람은 아무리 힘겹게 발버둥을 쳐도 점점 더 깊이 가라앉기만 한다.

피플 플리저는 아무리 노력해도 안전감을 얻지 못하면 안전감을 확보할 다른 경로를 모색한다. 바로 '타인과의 일치'다.

감정, 생각, 행위 방면에서 타인과 일치를 이루면 더 이상 외롭고 약한 개인이 아니게 된다. 강한 전체 중 일부로 변모해서 자신 역시 강력하고 안전하다고 느낀다.

이런 이유로 피플 플리저는 일반적으로 '좋은 것'으로 규정된 행위 패턴, 예컨대 관용, 협조, 높은 이상 등을 가지려고 노력한다. 다른 사람들처럼 '9 to 6' 직장을 구하고, 영화 관람, 쇼핑, 맛집 투어 등으로 여가를 즐긴다. 이렇게 해서 '가짜 안전감'을 얻을 수는 있겠지만, 사실 이는 자신을 있어도 없어도 그만인 사람으로 만들 뿐이다. 모두가 진취적으로 산다고 나까지 꼭 그렇게 살 필요가 있을까? 모든 사람이 할 수 있는 일을 왜 나까지 꼭 해야 하는가? 모두가 이야기하는 맛집에 정말 관심이 있는가? 내 이야기보다 그들이 봤다는 영화가 더 매력적인가?

슬프게도 어느 순간, 피플 플리저는 자신이 바다의 물 한 방울, 사막의 모래알 하나로 변했음을 깨닫게 될 것이다. 삶은 점점 더 지루해지고, 불안감은 더 커진다.

✦ 안전감은 안전하지 않다

'불안한 상태'가 '더 불안한 상태'로 가는 악순환에서 벗어나기는 생각만큼 그렇게 쉽지 않다. '익숙함'이야말로 안전의 대명사이기 때문이다.

모든 사람을 향해 미소를 남발하면서 호의를 보이는 행위, 미소가 자신에게 안전감을 가져다주리라는 믿음, 스스로 자신을 약자의 위치에 놓는 습관…… 전부 피플 플리저에게 매우 익숙한 행위 패턴이다. 이들에게 익숙한 것은 안전하고, 안전한 것은 좋은 것이다. 이미 불안에 떠는 사람은 잡은 지푸라기가 한없이 약한 줄 알면서도 목숨을 부지해야 하니 차마 놓지 못하는 법이다.

많은 사람이 자신이 겪는 문제를 알면서도 도무지 빠져나오지 못하는 이유 역시 바로 이 때문이다. 생각해보자. 만약 오랫동안 유지해온 행위 패턴이 문제를 일으키면 바꿀 의향이 있는가? 원치 않을 것이다. 고통스러우나 이미 이 고통에 익숙해진 상태고, 문제를 쉽게 처리할 만큼 충분히 숙달되었기 때문이다. 변화가 멋져 보이기는 하지만, 실제로는 어떻게 될지 누가 알겠는가? 수십 년을 피플 플리저로 살아왔는데 갑자기 타인에게 미소 짓지 마라, 잘 보이려고도 하지 마라…… 이러면 도리어 손을 어디에, 어떻게 두어야 할지도 모를 정도로 불편하다. 평생 노점상으로 살면서 고생만 한 사람에게 갑자기 상장 기업의 대표가 되라고 하면 할 수 있겠는가? 물론 하겠다는 사람도 있을 수 있지만, 나는 못 한다.

안전하다고 느껴온 오래된 행위 패턴은 도리어 고통을 더 가중할 뿐이다. 정말 그 고통 속에서 빠져나오고 싶다면 익숙함을 추구하는 본능을 극복하는 것 외에는 다른 방법이 없다. 그렇게 할 수 있는 용기는 오직 나 자신에게 스스로 선사하는 것이다.

✦

안전감은 내 안에서 찾는다

타인에게서 안전감을 찾는 사람은 늘 불안하기만 하다. 나의 의식주와 행위까지 전부 타인이 보장해줘야만 비로소 안전함을 느끼니 그가 나를 사랑하지 않을까 봐, 보살펴주지 않을까 봐 자꾸 걱정만 더 늘어난다. 또 타인이 수시로 선의를 보여야만 안전하다고 생각하므로 그의 태도가 돌연 냉랭해지고 공격적으로 변할까 봐 늘 전전긍긍한다. 언급했다시피 타인이 나를 사랑해줄지, 나를 향해 미소를 지을지 아니면 욕을 할지는 내가 통제할 수 있는 일이 아니다. 스스로 통제할 수 없는 일만 바라보고 사는 사람은 심각한 무력감과 공포감을 느낄 수밖에 없다.

안전감은 내 안에서 찾아야 한다. 아내가 남편에게 의존할 수도 있지만, 스스로 자신을 보살피며 독립적으로 살면 더 커다란 안전감을 느끼는 것과 마찬가지다. 물론 타인에게 호의를 보이고 타인 역시 호의로 보답해주기를 기대할 수는 있다. 그러나 상대방이 악의로 가득 찬 사람이라면 단호하게 그를 내 삶에서 '걷어내는' 힘도 있어야 한다.

다음은 내 안에서 안전감을 찾는 방법들이다. 잘 활용하면 더 커다란 안전감과 더 강해진 힘을 느끼게 될 것이다.

방법1: 단호함의 힘을 기른다

미소로 남의 비위를 맞추는 행위 패턴을 바꾸려면 처음에는 타인의 도움이 필요하다. 어린아이가 처음 자전거 타는 법을 배울 때 잡아줄 사람이 필요한 것처럼 말이다. 누가 당신을 도와줄 수 있을까?

우선 편한 자세로 몇 차례 크게 심호흡한다. 숨을 들이쉬고 내쉬고, 들이쉬고 내쉬고⋯⋯. 호흡을 바꾸거나 제어하려고 들지 말고 오직 관찰하기만 한다. 마음이 고요하고 맑아지는 느낌이 들면 자신에게 말해주자. "나는 단호함의 힘을 기른다, 나는 단호함의 힘을 기른다, 나는 단호함의 힘을 기른다."

이어서 편안하게 집중한 상태로 내 마음속 깊은 곳에서 누구를 단호한 사람으로 인식하는지 생각해본다. 지인, 친구, 선생님, 역사적 인물, 유명인, 영화 속 캐릭터가 될 수도 있다. 커다란 산이나 바윗덩이처럼 사람이 아닌 것도 가능하다.

내게 있어 가장 단호한 존재를 선택했다면 그 인물이나 사물을 표현하는 동작을 하나 찾는다. 예를 들어 거만하게 두 손을 허리에 올리거나 가슴을 펴고 고개를 치켜드는 동작, 아니면 이소룡처럼 두 주먹을 쥐고 몸을 앞으로 기울이는 동작일 수도 있다. 이 동작을 하면서 나 자신을 느끼고 내 이름을 말한다. 예를 들어 "나는 나다! 나는 야난이다!"처럼 말하면 된다. 이 동작이 나의 단호함을 보여주는 상징이 되었다고 느껴질 때까지 반복한다.

매일 꾸준히 이렇게 해보면 자신이 선택한 단호한 존재의 도움을 받아 단호함의 힘을 기를 수 있다.

여기서 읽고 그냥 넘기거나 효과가 있을지 의심하지 말고 꼭 한번 해보기 바란다. 안 그러면 익숙한 예전의 행위 패턴으로 금세 돌아가게 될 것이다. 이론과 방법을 아무리 많이 알아도 실천하지 않으면 현실에서 변화를 일으키지 못한다. 반드시 실천해야만 얼마나 효과적인 방법인지 실감할 수 있다.

방법2: "견딜 수 있어!"라고 말한다

피플 플리저는 위험한 세상을 마주할 때마다 자기도 모르게 **"나는 견딜 수 없어!"라고 말한다.**

나를 질투하는 동료가 상사에게 내 험담을 하거나 업무에 비협조적으로 나오면 정말이지 견딜 수가 없다. 부모님이 내가 한 말 때문에 화가 나서 며칠 동안 전화를 안 한다면 불안해서 견디기 힘들다. 친구가 불만이 있는지 내게 심한 말을 한다면 너무 괴로워 견디기가 어렵다. 세상에 견뎌내지 못할 일이 이렇게 많으니 미소를 남발하면서 남의 기분을 상하지 않게 노력하는 피플 플리저로 사는 편을 선택한 것이다.

그런데 정말 견딜 수 없는가? 동료가 나에 관해 뒷말을 좀 하면 어떤가? 직장에서는 내 능력만 확실하면 누가 뭐라든 인정받게 되어 있다. 동료가 업무에 비협조적이면 또 어떤가? 거기에 신경 쓰느니 내 일에 더 집중하는 편이 낫다. 부모님이 며칠 전화하지 않는다고 무슨 큰일이 나겠는가? 어차피 통화할 때마다 끝없는 잔소리에 지쳤는데 이참에 귀를 잠시 쉬게 한다고 생각하면 된다. 친구가 어떻게 그럴 수가 있냐며 심한 말을 했다고 세상이 무너졌는가? 이런 사소한 일들로 지구가 멸망할 리도, 가진 고깃덩이를 빼앗길 리도 없다. 사실은 전부 충분히 견딜 수 있는 일들이다.

다음에 또 미소를 지으면서 '나는 해롭지 않은 사람이에요. 제발 나를 해치지 마세요'라는 메시지를 전달하고 싶어지면 자신에게 말하자. "나는 견딜 수 있어! 나는 견딜 수 있어! 나는 견딜 수 있어!"라고. 이렇게 하면 어떤 알 수 없는 힘이 자신을 감싸는 느낌이 들 것이다. 말하는 동시에 앞에서 언급한 '단호한 존재'를 표현하는 동작까지 같이하면 자꾸만 위축되는 자신에게 더 도움이 될 것이다.

방법3: 잠시 쉬어 갈 안전한 피난처를 만든다

타인이 아닌 자신에게서 안전감을 얻기를 시도하려고 하면 꼭 방해 요소가 등장한다. 늘 비판적인 상사나 조심성 없이 직설적으로 말하는 룸메이트 등이 그렇다. 이런 사람들이 곁에 있으면 괜히 불안해져서 차라리 미소를 지어 비위를 맞췄던 익숙한 패턴으로 돌아가고 싶어진다.

하지만 미소로는 진정으로 안전감을 얻을 수 없음을 알기에 돌아갈 수도 없고, 이런 사람들을 어떻게 상대해야 할지도 몰라 당황스러울 것이다. 어떻게 하면 불안감에 무너져 비이성적인 행동 패턴으로 돌아가지 않고, 감정을 차분히 가라앉혀서 옳은 일을 할 수 있을까? 답은 안전한 피난처를 만드는 것이다.

모든 사람은 자신만의 보금자리를 찾고자 노력한다. 집을 빌리든 사든, 매일 해가 지면 피곤한 몸을 뉘고 쉴 수 있는 안전한 장소가 있기를 간절히 바란다. 또 우리는 모두 사랑하는 사람을 찾는다. 아프면 돌봐주고, 밤늦게 돌아왔을 때 종일 긴장했던 심신을 편안하게 해줄 사람 말이다. 그렇다면 불안한 자신을 위해 안전한 피난처도 마련할 수 있지 않을까?

편안한 자세로 두 발이 땅을 밟고 선 느낌을 느껴본다. 주의력을 내 몸으로 옮겨 호흡에 주목하고, 주변에서 어떤 소리가 나는지 듣는다. 눈앞에 어떤 장면이 있는지 보고, 대기의 온도를 느낀다. 천천히 안정과 평화가 느껴지면 지금까지 지나온 나날을 돌이켜본다. 그 세월 동안 어떤 기억이 가장 안전감을 느끼게 하는지 생각한다. 여름 저녁에 흔들의자 위에서 외할머니의 옛날이야기를 들었던 일, 맑은 날 풀밭에 누워서 온몸이 초록색으로 뒤덮인 일, 대학 합격 통지서를 받고 기쁨과 기대로 충만했던 일 같은 것들이다. 어떤 기억이든 온전히 그때의 기분을 느껴본다. 그 기억 속에 어떤 사람과 사물이 있었고, 누가 어떤 말을 했는지 떠올린다.

기억을 되살린 후, 이번에는 이 기억을 자신이 좋아하는 작은 물건, 예컨대 사탕, 다이아몬드 반지, 딸기 같은 것으로 치환한다. 그리고 이 물건을 주머니에 넣어서 항상 함께한다고 생각한다.

자신에게서 안전감을 얻기가 잘되지 않으면 잠시 멈춰서 눈을 감고, 상상 속에서 손을 뻗어 주머니에 넣어둔 그 작은 물건을 만져본다. 그리고 이 물건이 상징하는 아름다운 기억, 즉 불안한 자신을 위해 준비해둔 피난처로 천천히 걸어 들어간다. 그곳에서 잠시 쉬고 나면 다시 용감하게 변화를 향해 나아갈 수 있을 것이다.

○ 핵심 문제: 미소를 멈출 수 없다.

○ 표현 방식: 모두에게 미소를 보내고 상대방도 내게 미소로 호의를 보여줘야 안

전감을 느낀다.

○ 원인

▲ '세상은 위험하고, 나는 나약한 존재다'라는 잠재의식

▲ 억누를수록 커지는 공격성

▲ 미소를 예의나 교양의 표현으로 치부하고 문제를 외면하는 자기 합리화

○ 결과: 안전을 추구할수록 끝없는 불안 속에 산다.

○ 솔루션 제안

▲ 타인의 호의가 아니라 자신에게서 안전감을 찾는 법을 배운다.

▲ 자신에게 "견딜 수 있어!"라고 말해준다.

▲ 아름다운 기억을 떠올리고 불안한 자신을 위한 안락한 피난처를 만든다.

제 7 장

절대 화내지 않는 사람들

완잉은 상냥하고 온화한 여성으로 언제 어디서 만나 이야기해도 사람을 참 편하게 하는 재주가 있다. 주변 사람들은 완잉이 화내는 모습을 본 적이 없으며, 그런 장면을 상상조차 할 수 없다고 말하곤 한다.

실제로 완잉은 '분노'라는 감정을 느껴본 적이 거의 없었다. 간혹 누군가 어떻게 그렇게 성격이 좋냐고 칭찬을 건네면 "저는 그냥 화가 안 나요"라고 말하며 웃어넘긴다.

다만 그녀에게는 꽤 장기간 계속된 증상이 있었는데 바로 가슴 두근거림과 심한 두통이었다. 진찰도 여러 번 받고 이것저것 검사해봐도 특별한 문제를 발견하지 못했다. 양약도 먹어보고 한약도 먹어봤지만 전부 효과가 없었다. 그러다가 우연히 심리학을 접한 완잉은 혹시 자신의 증상이 신체가 아니라 심리에서 비롯된 것이 아닌지 의심하게 되었다. 얼마 후, 그녀는 지푸라기라도 잡는 심정으로 심리 상담소의 문을 두드렸다.

처음에 상담사가 분노는 누구에게나 있는 감정이라고 말했을 때, 완잉은 속으로 '나는 진짜 화가 안 나는데……'라고 생각하며 갸우뚱했다. 솔직히 상담사의 실력이 의심스럽기까지 했다.

다행히 꾸준히 상담을 이어간 완잉은 자신에게도 분노라는 감정이 있음을 알게 되었다. 그것도 매우 강렬한 분노였다.

예를 들어 이런 경우다. 완잉의 부모님은 통화할 때마다 항상 연락이 너무 뜸하다고 딸을 탓했다. 한번은 부모님이 "며칠 전에 둘째 이모 생신이었는데 알고 있었니? 너 축하 전화도 안 드렸지?"라고 다그쳤다. 완잉은 이 말을 듣고 뭔가 불편함을 느꼈지만, 부모님 말씀이 옳다고 자신을 다독였다. '어린아이도 아니고 이제는 다 커서 철도 들었는데, 가족 생일에 축하 인사를 하는 것은 당연한 일이야……' 그러고서 이성을 총동원해 자신이 느끼는 감정을 완전히 억눌러버렸다. 하지만 상담을 통해 이제 완잉은 부모님이 그런 말씀을 했을 때, 마음속에 분노가 번쩍하고 지나갔음을 깨닫게 되었다. '어렸을 때, 둘째 이모 집에 가면 이모는 식사도 챙겨주지 않고 매일 마작만 하러 다녔는데…… 내가 왜 이모의 생일까지 챙겨야 해?' 부모님도 원망스러웠다. '나 혼자 먹고사느라 정신이 없는데, 어떻게 그 많은 사람의 생일을 전부 기억하라는 거야? 그게 그렇게 중요하면 미리 알려주든가, 왜 굳이 생일이 지날 때까지 가만히 있다가 이제야 나를 탓하는 거지?' 완잉은 인정하고 싶지 않았지만, 이런 감정이 바로 분노임을 깨달았다.

자신에게도 분노가 있다는 사실을 인정하자 곧이어 두려움과 죄책감이 밀려왔다. 이렇게 강렬한 분노를 제어하지 못할까 봐 두려웠고, 자신이 부모의 뜻을 거스르는 불효녀가 된 것 같아 자책했다. 이런 감정들이 얼마나 불편했던지 차라리 분노가 없던 시절로 되돌아가고 싶을 정도였다.

하지만 이렇게 새로운 경험과 변화에 불안과 초조를 느끼는 한편, 완잉은 상담사와 함께 분노의 감정을 탐색하는 과정에서 가슴 두근거림이 사라졌음을 눈치챘다. 두통 역시 빈도가 줄고, 강도도 훨씬 약해졌다.

키워드

감정 억압

그동안 완잉이 분노를 느낄 수 없었던 까닭은 정말 내면에 분노가 없어서가 아니라 계속 감정을 억눌러왔기 때문이다. 그녀는 분노라는 감정 자체를 무서워했다. 분노를 표출하면 타인에게 상처를 주고, 착하고 말 잘 듣는 딸은 부모님에게 절대 화를 내면 안 된다고 생각했다. 완잉은 자기 내면의 무서운 짐승을 꽉 묶어두고 '성격 좋은' 이미지를 유지했다. 이렇게 살면 만사가 평안해지리라 확신했다. 그녀는 자신의 몸이 감정의 압박을 견디지 못해 이상 반응으로 고통을 호소하고 있음을 전혀 눈치채지 못했다.

짐승 같은 감정: 마주할 수 없는 혼돈

'분노'는 피플 플리저가 가장 꺼리는 감정이다. 완잉처럼 자신은 분노라는 감정이 아예 없다고 잡아떼는 사람도 있다. 왜 그럴까?

✦ 야성은 절대 풀어주면 안 된다

앞에서 언급했듯이 공격성(분노)과 리비도(성욕)는 사람을 움직이게 만드는 핵심 동력이다. 이른바 핵심 동력이란 쉽게 말해 동물적인 본능을 의미한다. 물론 정보화시대에 사는 '문명인'인 우리는 여기에 휘둘려서는 안 된다.

공격성을 예로 들어보자. 원시시대에는 타인이 내가 먹을 과일을 빼앗으면 화가 나서 그를 한 대 때려도 괜찮았다. 하지만 오늘날의 문명인은 그러면 안 된다. 지금은 타인이 내 과일을 빼앗았다는 이유로 그를 한 대 때리면 곧장 경찰서로 끌려갈 것이다. 분노를 억누르지 않으면 자기 삶에 엄청난 피해를 줄 수 있다. 원시인은 화를 못 참아서 아이를 밀쳐 죽게 해도 혼자 자책하고 끝이지만, 현대인은 화가 난다고 핸드폰만 던져도 손해가 크다. 고로 분노 조절은 문명인에게 매우 보편적인 행위 규범이다.

피플 플리저는 일반적인 수준보다 훨씬 더 가혹하게 자신의 분노를 억압한다. 화가 나서 타인을 한 대 때리는 일은 있을 수도 없고, 내 과일을 훔친 사람을 나쁜 놈이라고 욕만 해도 그에게 상처를 준 것 같아서 죄책감이 든다. 심지어는 속으로만 원망했어도 부도덕한 사람이 된 것 같고, 혹여 누가 눈치라도 챘을까 봐 덜컥 겁이 난다. 제어하지 못한 야성이 튀어나와서 타인을 해치고, 세상을 무너뜨리고, 자신의 삶을 파괴할까 봐 너무나 두렵다.

✦ 한 번도 받아들여진 적 없는 감정

분노가 정말 그렇게까지 두려운 감정일까? 화를 내면 반드시 감당하기 어려운 결과가 생기는 것이 확실한가? 당연히 아니다. 피플 플리저가 자신의 감정을 두려워하는 이유는 어렸을 때부터 지금까지 아무도 자기감정을 진정으로 받아주지 않았기 때문이다.

누구나 불편한 감정을 느낄 때가 있고, 그때마다 이 감정이 무엇인지 빠르게 파악해서 자신에게 알려야 한다. 예를 들어 '지금 내가 느끼는 감정은 아쉬움이야, 제일 친한 친구와 헤어져야 하니까', '지금 나는 억울한 거야, 나는 그에게 잘해줬는데 그가 내 욕을 하고 다니니까' 같은 식이다. 이러면 불편한 감정에 너무 오래 시달리지 않을 수 있고, 감정을 두려워할 일도 없다. 누구나 제일 친한 친구와 헤어지면 슬프고, 지인에게 배신당하면 속상한 것을 알기 때문이다.

문제는 그 감정이 무엇인지 파악할 수 없을 때다. 자신이 왜 이러는지, 대체 뭐 때문에 이렇게 불편한지 모르면 잠도 못 이룰 정도로 당혹스럽고 괴롭다. 심지어는 이 알 수 없는 감정이 두렵기까지 하다.

성장 과정에 누군가 나의 분노를 알아보고 받아들여줬다면, 또 분노가 정상적인 감정이라고 알려주고 해결을 도와준 사람이 있다면 성인이 된 후에도 분노가 그렇게 두렵지 않다. 사납게 날뛰는 짐승을 가둬두듯이 자기감정을 세게 옭아매려고 하지도 않는다.

안타깝게도 피플 플리저에게는 그런 사람이 없었다. 어렸을 때, 어머니가 나를 혼자 두고 일하러 가거나 친구가 내 장난감을 빼앗으면 화가 났지만 어떻게 해야 할지 몰랐을 것이다. "지금 네가 느끼는 감정은 분노야. 분노는 누구나 겪는 아주 정상적인 감정이란다"라고 알려주는 어른이 필요했으나 아무도 없었다. 듣는 소리라고는 "엄마는 출근해야 해, 너는 왜 그렇게 철이 없니!", "친구랑 사이좋게 지내야지, 양보할 줄도 알아야 해!" 같은 말뿐이었으리라. 이 혼란스러운 감정은 해결되지 못한 채로 마음속에 20년, 30년, 아니 그보다 더 오래 남았다. 단 한 번도 이것이 무슨 감정인지 정확히 이해하지 못했으니 받아들이고 말고 할 것도 없다. 영원히 의식하지 못하고 알 수도 없어서 두렵기만 한 영역으로 변한 것이다. 이 감정은 마치 길들지 않은 맹수처럼 언제든 사람을 해칠 준비가 되어 있다.

✦ 이제는 스스로 해야 한다

왜 부모님은 나를 키우면서 감정을 받아주지 않았는지 원망스러울 수 있다. 타인에 의한 감정 수용이 이루어지는 가장 중요한 시기를 놓쳐서 유감스러울 수도 있다. 하지만 지나간 일을 어쩌겠는가. 과거로 돌아가 부모님에게 올바른 교육법을 알려줄 수도 없고, 이미 머리가 희끗희끗해진 부모님더러 자녀의 감정을 받아들이는 법을 배우라고 할 수도 없다. 지금은 '이제부터 어떻게 해야 하는가?'를 질문해야 할 때다.

어렸을 때, 나의 감정을 알아보고 받아들이며 분노가 정상적인 감정이라고 알려주는 일은 전부 부모님의 책임이었다. 부모님이 그렇게 해주지 못했더라도 이제 와서 그들을 비난해봤자 어떠한 문제도 해결할 수 없다. 사건의 원흉을 법으로 심판해도 현실에서 실질적인 도움이 되지는 않는 것처럼 말이다. 성인이 된 지금은 자신의 감정을 알아차리고 받아들이는 일이 모두 자기 책임임을 알아야 한다.

앞으로는 어떤 불편한 감정을 느꼈는데 이게 무엇인지 파악하기 힘들다면 인내심을 발휘해 자신에게 물어보자. '이 감정이 뭐지? 분노인가?' 자신이 느끼는 분노를 무작정 부정하거나, 나는 애초에 그런 감정이 없다고 단정하지 않는다. 관찰을 통해 이 감정이 분노임을 알아차렸다면 자신에게 말해준다. "이런 감정을 분노라고 해. 원래 사람들은 불공평한 대우를 받거나 상처받으면 분노를 느끼지. 분노는 즐거움, 슬픔, 질투처럼 매우 정상적인 감정이야."

그러면 마음속에 억눌렸던 맹수가 어느새 털이 보송보송하고 길들여진 토끼로 변해 있을 것이다. 도무지 알 수 없어서 괴로웠던 감정이 무엇인지 알고 그 본모습을 받아들였기 때문이다.

세상을 무너뜨리는 분노: 과대평가된 파괴력

분노는 분명히 끔찍한 결과를 초래할 수 있으므로 사람들은 분노가 초래한 결과를 감당하지 못할까 봐 되도록 멀리하려고 한다. 어떤 사람들은 조금이라도 엮이고 싶지 않아서 분노인지 아닌지 확인도 하기 전에 몸을 홱 돌려 도망친다. 하지만 경험하지 않을수록 더 알 수 없고, 알 수 없을수록 더 두려워지는 악순환에 빠진다.

✦ 분노는 억누를수록 반발력이 거세진다

분노는 이성을 잃게 만들고 끔찍한 결과를 가져올 수도 있지만, 이는 분노를 억눌러 겪는 고통에 비하면 아무것도 아니다.

누구나 부당한 대우를 받고 화가 날 때가 있다. 이때 피플 플리저는 분노를 표출하면 상대방에게 상처를 주고, 관계가 깨지며, 이익에 반한다고 믿으므로 필사적으로 분노를 억누른다. 문제는 억누르는 힘이 셀수록 반발력도 거세진다는 점이다. 피플 플리저가 현실에서 타인을 욕하고 싶은 작은 충동을 억누르면 이 억눌린 충동은 마음속에서 그를 죽이는 상상으로 변한다. 그렇다고 이 상상을 실행할 수 있는가? 현실이든 상상이든 욕하는 것은 안 되고, 살인은 더더욱 안 된다. 그래서 피플 플리저는 상상 속의 분노마저 죽을힘을 다해 억누른다.

하지만 억누를수록 반발이 심해지니 이는 자신을 모순이라는 고통에 내던지는 꼴이다. 억누를수록 더 커진 분노가 급기야 전혀 억눌러지지 않는 상태가 되면 너무나 괴롭다. 그렇다고 억누르지 않자니 두렵고 죄책감이 들어 역시 괴롭다. 이러나저러나 괴롭기만 하고, 분노를 억누른 것도 표출한 것도 아닌 상태에 빠져 허우적댈 수밖에 없다. 도저히 어떻게 해볼 수가 없게 된 피플 플리저는 이 분노라는 감정이 얼마나 무서운 것인지 한층 더 실감하게 된다. 삶의 행복이 분노에 이렇게 쉽게 무너지다니, 분노라는 감정은 정말 파괴력이 어마어마한 것만 같다.

✦ 분노는 '믿음'이 유발한다

과연 그럴까? 문제를 다른 관점에서 바라보면 모든 것이 완전히 달라질 수 있다.

자신의 감정을 받아들이지 못할 때는 이 감정이 뭔지 도통 알 수 없고 굉장히 통제하기 어렵다는 느낌이 든다. 하지만 이 감정을 유발한 것이 다름 아닌 내 머릿속에 있는 믿음이라는 사실을 알게 되면, 이 감정이 사실은 종이호랑이에 지나지 않음을 간파한다.

하루는 친구가 당신에게 이런 말을 했다. "일할 때는 큰 그림을 보는 편이 좋아. 그런데 내가 볼 때 너는 항상 사소한 문제에 지나치게 신경 쓰는 것처럼 보여. 그러면 일을 제때 마무리하기가 힘들지 않을까?" 당신은 이 말을 듣고 약간 화가 났는데, 왜 화가 났을까? 간단하다. '일에 대한 조언은 나를 비하하는 것'이라는 믿음이 있기 때문이다. 정말 그럴까? 아니다. '일에 대한 조언은 나를 도와주는 것'이라고 믿기 때문에 똑같은 상황에서 분노의 감정을 느끼지 않는 사람도 많다.

또 다른 예로, 분노가 엄습했을 때 두려움을 느끼는 이유는 '분노를 표출하면 끔찍한 결과가 생긴다'라는 믿음이 있기 때문이다. 실제로 그럴까? 역시 아니다. 어떠한 충돌도 없이 정상적으로 분노를 표출할 수 있는 사람도 많다.

정리하자면 피플 플리저가 두려워하는 감정은 믿음이 유발한 것이다. 믿음이란 머릿속의 생각에 지나지 않고, 생각은 다양하다. 글씨 연습이 재미있다고 생각할 수도, 지루하다고 생각할 수도 있다. 다른 사람이 내 치마를 예쁘다고 칭찬하면 이를 진짜 칭찬으로도, 아첨으로도, 어쩌면 빈정거림으로도 생각할 수 있다. 마찬가지로 분노 표출을 무서운 것이라고 생각할 수도, 건강한 감정 표현이라고 생각할 수도 있다. 감정은 내가 통제할 수 없지만, 믿음은 내가 얼마든지 바꿀 수 있다.

✦ '믿음의 순환'을 재구성하다

믿음은 생각일 뿐이지만, 솔직히 바꾸기가 쉽지는 않다. 그래도 전부 마음먹기에 달린 일이므로 분노가 두렵더라도 머릿속으로는 별거 아니라고 생각해야 한다. 만약 내가 분노를 표출할 때마다 상대방이 더 사납게 나오거나, 분노는 무서운 감정이라고 확신하고 회피하기만 한다면 '분노 표출은 무서운 일'이라는 생각이 절대 바뀌지 않을 것이다. 다른 사람들이 '분노 표출은 정상적인 행동'이라고 아무리 알려줘도 여전히 두렵기만 하다.

　이는 아이가 개를 무서워하는 것과 비슷하다. 길에서 만나는 개마다 전부 이를 드러내고 으르렁거리면 아이는 당연히 '개는 무섭다'라고 믿는다. 다시는 개를 보고 싶지 않고, 개는 영원히 두려운 존재가 될 것이다. 어른들이 "멍멍이 봐봐, 정말 귀엽지? 저렇게 착하고 순하니까 사람들이 멍멍이를 많이 키우는 거야"라면서 아무리 괜찮다고 말해도 아이가 느끼는 공포를 없애지는 못한다. 유일한 방법은 아이가 정말 온순한 개와 자주 접촉하면서 개가 아이의 손등을 부드럽게 핥도록 하는 것이다. 그러면 아이도 개는 이가 날카롭지만 사람을 물지 않는다고 생각하게 될 것이다.

분노와 관련한 믿음을 바꾸는 일도 이런 과정이 필요하다. 경험이 믿음을 결정하고, 믿음은 감정을 결정하고, 감정이 행위를 결정하며, 행위는 다시 경험을 강화한다. 즉 새로운 경험을 하지 않으면 '분노 표출은 무서운 일'이라는 믿음에 영원히 사로잡히게 된다. 분노를 표출하고 싶어도 두려움이 앞서 감정을 억누르고, 그 괴로움을 겪으면서 역시 분노 표출은 무서운 일이라는 경험을 강화하는 것이다.

따라서 분노 표출을 시도해볼 만한 '안전한 사람'을 찾아야 한다. 나를 진심으로 포용하고 받아주는 사람은 내가 분노를 드러내도 여전히 나를 사랑해줄 것이다. 그런 사람이어야만 나 역시 내가 분노를 드러내도 상대방에게 상처 주지 않을 수 있음을 알게 된다. 주변에 이런 사람이 없다면 완잉처럼 심리 상담사를 찾아도 좋다. 안전한 관계 속에서 분노를 표출하는 새로운 경험을 하면서 새로운 믿음을 만들고 새로운 감정을 느껴 피플 플리저의 행위 패턴을 바꿀 수 있다.

도덕적 굴레: 교양 있는 사람은 화가 없다?

분노를 사납게 날뛰는 짐승처럼 두려워하는 심리 외에 피플 플리저가 절대 화내지 않는 이유가 하나 더 있다. 바로 교양 있는 사람은 절대 화를 내지 않는다고 생각하기 때문이다.

✦ 착한 아이도 밥은 먹어야 한다

"봐봐, 길거리에서 사소한 일로 저렇게 언성을 높이다니, 못 배워서 저래! 진짜 유능하고 교양 있는 사람은 항상 온화하고 부드럽게 행동하지." "착한 아이는 악바리처럼 화를 내지 않아. 그러면 안 돼!" 모두가 피플 플리저에게 이렇게 말했을 것이다. 아니, 사실 말할 필요도 없다. 드라마나 소설 속 주인공만 봐도 늘 맑게 흐르는 물처럼 순수하고 부드럽지 않은가? 툭하면 화를 내는 주인공은 여간해서는 없다. 이런 모든 사실이 피플 플리저에게 암시해왔다. 착한 아이는 화를 내서는 안 된다고.

여기서 하나 묻고 싶다. 다른 사람이 착한 아이는 화를 내서는 안 된다고 하기에 분노를 억눌렀다면, 다른 사람이 착한 아이는 밥을 먹으면 안 된다거나 숨을 쉬면 안 된다고 했어도 그렇게 했을까?

분노 표출은 우리가 밥을 먹거나 숨을 쉬는 행위만큼이나 자연스럽고 당연한 행위다. 단지 그동안 이렇게 비교해준 사람이 없어서 자신에게 물어보지 못했을 뿐이다.

✦ 도덕은 중요하지만, 도덕적 굴레는 필요 없다

여기에서 도덕에 관한 문제를 이야기하지 않을 수 없다. 단언컨대 피플 플리저는 도덕성을 극도로 중시하는 부류다. 그들은 타인을 공격하지 않고, 언제나 미소를 지으며, 남을 위해 나를 희생하고, 누구에게나 관용을 베푼다. 모두 자신에게 매우 높은 도덕성을 요구한 결과다. 그런데 도덕이란 대체 무엇일까?

원시인들에게도 도덕이 필요했을까? 동물 세계에도 도덕이 있을까? 당연히 아니다. 사자가 영양 한 마리를 사냥했을 때, 다른 사자들이 '그가 노동으로 거둔 성과를 존중해야지, 남의 사냥감을 뺏으면 안 돼'라고 생각하는 일은 없다. 오히려 우르르 몰려들어서 사냥감을 강탈하려고 서로 치고받는다. 영양은 마지막으로 손에 넣은 사자의 차지가 된다.

인류 사회 역시 도덕이 없는 상태로 오랫동안 발전해오다가 나중에 문제에 부딪혔다. 인구 밀도가 높아지고 농업이 발전하면서, 도덕이 없는 기존 패턴은 인류 발전에 전혀 도움이 되지 않게 되었다. 한해 동안 힘들게 농사를 지어놨더니 느닷없이 '강자'가 나타나 농작물을 전부 빼앗아 간다면 뭐 하러 다시 농사를 짓겠는가? 그럴 바엔 다 같이 굶어 죽고 말겠다. 우리는 도덕이 필요하고, 도덕이 없다면 인류 사회는 큰 혼란에 빠질 것이 분명하다. 하지만 도덕이란 원래 사람과 사람이 서로 잘 어울리기 위해 만들어진 규칙이라는 사실도 정확히 알아야 한다. 우리는 도덕을 이용하고, 그 규칙 아래에서 자기 삶을 더 자유롭고 즐겁게 만들어야 한다. 도덕적 굴레에 빠져서 반드시 이렇게 해야 한다느니 저렇게 안 하면 큰일 난다느니 하면서 스스로 족쇄를 채울 필요는 없다.

타인과 거래하는 상황과 비슷하다고 보면 된다. 내가 너에게 수박 한 통을 주고, 너는 내게 사과 네 개를 주기로 계약한 후, 모두가 이 계약을 준수하면 거래가 이루어져 각자 원하는 것을 얻을 수 있다. 괜히 나는 매일 너에게 수박 한 통을 줘야 하고, 안 그러면 나는 천하의 나쁜 놈이라면서 자신을 엄하게 다그칠 필요는 없다. 이는 나 자신을 피곤하게 만들 뿐 아니라, 상대방까지 어리둥절하게 만들기 때문이다.

감정 억압의 쓴맛: 평온한 외양, 요동치는 내면

둑을 쌓아 자연히 흐르는 물길을 막으면 차츰 물이 고여 호수를 이룬다. 처음에는 아름다운 경치가 보기 좋지만, 폭우가 쏟아져도 물길을 내어주지 않으면 순식간에 둑이 무너져 홍수가 날 수 있다. 분노가 담긴 감정도 마찬가지다. 감정을 자연스럽게 표출하면 어떤 문제도 생길 리 없지만, 여러 가지 이유로 강한 의지를 발휘해 감정을 억누르기만 하면 결국 헤아릴 수 없는 결과로 이어질 수 있다.

처음에는 감정을 눌러도 그런대로 괜찮을 것이다. 시간을 많이 들이지 않고도 갈등과 문제를 해결할 수 있고, 일시적으로나마 마음의 평화를 얻을 수 있으니 말이다. 하지만 장기적으로는 의지가 아무리 강한 사람이라도 터지기 직전의 둑처럼 일격을 견뎌내기 어렵다. 지금 내 삶이 아무리 평온해도 난관이 연이어 닥치는 순간, 감정 억압은 둑을 무너뜨리는 폭우처럼 상황을 더욱 악화시킨다.

✦ 감정 소방관은 늘 피로하다

분노가 담긴 감정을 억눌러서 생기는 흔한 결과 중 하나가 바로 피로감이다. 화를 내지 않는 피플 플리저는 늘 지친 상태로 에너지가 부족하다. 무엇을 해도 열정적이지 않은 자신이 못마땅하고, 삶이 정말 무의미한 느낌이다. 피플 플리저는 한마디로 '심신이 고달픈' 사람이다.

이 문제를 해결하기 위해 병원에서 검사도 해보고, 좋다는 약도 먹어봤을 것이다. 어쩌면 이 상태로 워낙 오래 지내다 보니 자신은 애초에 '피곤한 사람'으로 태어난 줄 알고 체념했을 수도 있다. '생긴 대로 살아야지, 뭐 어쩌겠어!' 자신이 느끼는 피로감이 감정을 억눌러 생겨난 불가피한 결과라는 생각은 한 번도 한 적이 없다.

화재 현장에서 소방관이 활활 타오르는 불 속으로 뛰어 들어가는 장면을 상상해보자. 두꺼운 방화복을 입고 무거운 소방 호스를 든 그는 사방에서 연이어 치솟는 불길에 둘러싸여 있다. 그의 임무는 능력을 최대한 발휘해 들고 있는 소방 호스로 불을 끄는 것이다. 이때 소방관이 자신의 삶을 아름답다고 느낄 수 있을까? 이 순간이 너무나 행복한 나머지 핸드폰을 꺼내서 사진을 찍고 SNS에 올릴 수 있을까? 더할 나위 없이 편안하고 홀가분할까? 절대 그럴 리 없다. 그저 부담스럽고 무력하며 피곤하기만 하다.

감정을 억누를 때, 피플 플리저는 소방관이고 그의 삶은 화재 현장이다. 소방관이 소방 호스를 들고 사방에서 타오르는 불을 끄듯, 매일 죽을힘을 다해서 마음속의 분노를 억눌러야 한다. 이런 상황에서 어떻게 자신을 둘러싼 아름다운 세상을 즐길 마음이 들겠는가? 무슨 에너지로 하고 싶은 일을 하겠는가? 피플 플리저가 느끼는 것은 온통 피로감, 긴장, 고통일 뿐이다.

✦ 몸은 알고 있다

감정 억압이 심해지면 신체적, 정신적 질병에 모두 시달릴 수 있다.

완잉이 겪은 원인 모를 두통과 가슴 두근거림도 알고 보니 신체 기관에서 발생한 병변이 아니라 감정이 일으킨 증상이었다. 감정은 일종의 에너지다. 분노의 에너지를 억눌러 외부로 발산하지 않으면 이 에너지는 내부를 향해 자신을 공격한다. 몸의 어떤 부분을 공격해 증상으로 발현할지는 전적으로 그 감정이 선택하기에 달렸다.

이런 이야기를 많이 들어봤을 것이다. 사랑에 눈이 먼 여성이 한

부잣집 도련님과 결혼했지만, 결혼 생활은 상상만큼 행복하지 않았다. 남편은 늘 혼자 놀러 다녔고, 시어머니는 며느리를 교묘하게 괴롭혔다. 분노와 고통 속에서 괴로운 나날을 보내던 이 여성은 2년 후, 암에 걸렸다. 한 직장인이 늘 상사에게 괴롭힘을 당했지만, 직장을 잃고 싶지 않아 참고 또 참았다. 극심한 스트레스에 시달린 그녀는 직장 생활 중에 연이어 몇 번이나 유산했다. 물론 이런 종류의 이야기에 등장하는 감정 억압이 암이나 유산과 필연적인 인과관계가 있다는 증거는 없다. 하지만 한 가지 확실한 것은 감정 억압이 스트레스를 유발하고, 스트레스는 면역력을 떨어뜨리며, 면역력 약화는 분명히 건강에 악영향을 미친다는 사실이다.

신체뿐 아니라 정신도 감정 억압으로 말미암은 손상을 입을 수 있다. 감정 억압이 유발하는 정신적 질병은 우울증과 공포증이 가장 흔하다. 정신분석학의 관점에서 보면 우울증은 내면의 공격성을 자신에게 향하면서 생긴다. 마음속에 분노가 가득한데 그렇다고 그 칼날을 타인의 몸에 꽂아 넣을 수는 없으니 어쩔 수 없이 자신을 공격하는 것이다. 매일 자신을 향해 너는 이래서 안 되고, 너는 저래서 글러먹었고, 뭐 하나 제대로 하는 게 없다고 닦달하니 우울하지 않을 수가 있겠는가? 공포증도 마찬가지다. 높은 곳이나 뱀을 무서워하는 사람은 있을 수 있고, 충분히 이해할 만하다. 그러나 북적이는 인파나 주사 맞기를 두려워하는 것은 왜일까? 여기에는 여러 가지 이유가 있을 수 있다. 분노는 아무리 억눌러도 잠긴 문을 몰래 빠져나가서 어떤 사물로 나타나곤 한다. 이를 '외재화'라고 한다. 예를 들어 무르고 우유부단한 자신의 성격을 싫어하는 사람은 종종 주변 사람들이 너무 결단력이 없다고 탓한다. 또 자신의 폭력적인 성향을 통제하지 못할까 봐 두려운 사람은 자신 외의 모든 파괴적인 힘을 두려워하며 통제하지 못하면 끔찍한 일이 생긴다고 생각한다. 이것이 바로 공포증의 중요한 원인 중 하나다. 공포증 환자가 두려워하는 대상은 계속 이리저리 바뀌므로 하나의 공포가 사라지면 또 다른 공포가 갑자기 발생한다.

이상의 내용은 자신의 심신 상태를 언급한 증상들에 끼워 맞춰보라거나 놀라게 하려는 의도가 아니다. 우리는 모두 스스로 신체적, 정신적 건강을 책임지는 태도를 갖춰야 한다. 자신에게 있는 피플 플리저 성향에 좀 더 주의를 기울이고, 감정적 경험을 직시하기를 바라는 마음이다.

✦

감정을 막지 않고, 흐르게 한다

분노, 그리고 분노 표출에 대한 두려움이 동시에 엄습할 때, 어떻게
하면 감정을 억압하고 저항하던 예전으로 돌아가지 않고 용감하게
대면할 수 있을까?

방법1: 싸우지 않는다. 싸워봤자 상황만 더 나빠진다

분노가 담긴 감정이 출현했을 때, 가장 먼저 할 일은 싸우지 않는 것
이다.

분노의 요인은 분명히 외부의 어떤 일일 것이다. 이 분노로 약간
불편해졌지만, 이 불편함은 매우 단순하다. 괜히 죽기 살기로 분노와
싸우면 훨씬 더 복잡한 고통에 시달리게 된다.

사람은 분노를 억압하기 때문에 피로감을 느끼고, 분노를 억압할
수 없기에 무력감을 느낀다. 그리고 만약 통제에 실패해서 아주 조
금이라도 분노가 표출되면 죄책감에 시달린다.

그러므로 우리가 해야 할 일은 싸우지 않는 것이다. 분노라는 감정

이 나를 불편하게 만들어도 뭔가 바꾸려고 하지 말고, 분노 그 자체로 있게 놔둬야 한다. 다음에 또 분노의 감정이 찾아오면 이렇게 말해주자. "왔구나, 어서 와! 환영해! 나는 너를 알아봤고, 받아들일 거야. 그리고 도와주고 싶어. 어떻게 하면 도움이 될까?"

사람을 은근히 두렵게 만드는 이 분노가 대체 무엇인지 알기 위해 잠시 그 감정 안에 머물면서 자신을 천천히 관찰할 수도 있다. '아, 가슴이 좀 답답하고, 목 뒷부분이 긴장되었네……', '약간 울고 싶기도 해. 계속 두려워했던 분노가 사실은 이렇게 단순한 것이었다니!'

감정과 맞서 싸우면 도리어 그 감정에 에너지를 주게 된다는 사실을 기억하자. 분노를 받아들이고 분노한 상태로 '편히 누워야' 분노가 나로부터 계속 에너지를 빨아들여 나를 괴롭히지 않는다. 분노를 놓아주고, 자신을 놓아주며 말하자. "분노를 느껴서 다행이야! 덕분에 다른 사람들에게 공평하게 대우받고 싶은 내 멋진 욕구를 알게 되었어."

방법2: 감정을 가지고 논다

자신의 분노를 확인하고 받아들였다면 이제 감정 억압을 극복하는 첫걸음을 뗀 셈이다. 지금부터는 이 감정을 가지고 노는 법을 배워야 한다. 어린아이를 만나면 우선 인사부터 하고, 더 친해지고 싶으면 아이와 상호작용하는 법을 배워야 하는 것처럼 말이다.

어떤 감정이 출현하면 세 가지, 즉 장면, 소리, 신체 반응이 함께 나타난다. 예를 들어 완잉은 부모님이 친척의 생일에 축하 인사를 전하지 않았다고 질책하자 매우 화가 난 동시에 두려움을 느꼈다. 이 두려움이 바로 그녀가 감정을 억압하게 된 주된 이유다. 두려움은 방금 언급한 세 가지를 반드시 수반한다.

가장 먼저, 완잉이 딸에 대한 배려가 부족한 부모님에게 감정을 드러냈더니 어머니가 상처받았다면서 눈물을 펑펑 쏟는 장면이 머릿속에 떠올랐을 것이다. 이어서 정색한 아버지가 나타나서 "어디서 이렇게 버릇없이 굴어? 부모한테 그런 말을 하다니!"라고 고함치는 소리가 들렸으며, 그때부터 가슴이 마구 두근거리기 시작했다.

이 세 가지가 바로 완잉이 느낀 두려움이다. 완잉은 그동안 이런 현상에 주의를 기울인 적이 없지만, 조금만 신경 쓰면 꼭 나타난다는 사실을 알게 될 것이다.

따라서 완잉은 이 세 가지 감정의 본질을 가지고 노는 법을 배워야 한다. 우선 머릿속에 떠오른 장면에 몇 가지 작업을 해서 코믹하게 바꿀 수 있다. 예를 들어 펑펑 우는 어머니에게 독특한 모자를 씌워서 드라마 속 울보 소녀 캐릭터로 만든다. 그리고 이 장면을 작고 멀어지게 만들거나 저 멀리 있는 텔레비전 안에 집어넣어서 방영 중인 일일 연속극의 일부로 바꾼다. 이런 식으로 자신과 분리하는 것이다.

다음은 머릿속에서 울리는 아버지의 목소리를 바꿀 차례다. "어디서 이렇게 버릇없이 굴어? 부모한테 그런 말을 하다니!"를 "자기감정을 솔직하게 표현하는 것은 용감한 행동이야!" 혹은 "진심을 말할 수 있다는 건 그만큼 가족을 사랑한다는 뜻이지!"로 바꿔본다. 어떤가? 이 목소리에 부모님의 이미지를 입혀서 실제로 아버지가 말하는 것처럼 느껴본다.

마지막으로 신체 반응을 바꾸어야 한다. 완잉의 경우, 두려움이 가슴 두근거림으로 발현하므로 이 증상을 개선하면 된다. 의식적으로 가슴을 쭉 펴고 활짝 여는 운동을 반복하거나, 그래도 잘 안 되면 즐겁게 춤을 춰도 좋다. 이를 통해 신체 반응이 바뀌면서 감정도 자연스럽게 변화할 수 있다.

이것이 바로 감정을 가지고 노는 법이다. 감정은 어린아이와 같아서 아무리 이치를 따지고 논리를 설명해봤자 소용이 없다. 가장 진실한 감정으로 그 본질에 접근하는 법을 배워야 한다. 그러고 나면 어느새 두려움이 사라졌음을 알게 될 것이다. 감정을 죽여 없앴기 때문이 아니라, 감정과 함께 춤추는 법을 배웠기 때문이다.

방법3: '감정 코끼리' 만지기

장님이 코끼리를 만지는 이야기를 들어본 적 있을 것이다. 다리를 만진 사람은 코끼리가 기둥처럼 생겼다고 했고, 꼬리를 만진 사람은 코끼리가 밧줄처럼 생겼다고 했다. 분노 표출에 대한 인식이 어쩌면 코끼리를 만지는 장님처럼 제한적인 시각에서 비롯된 오해일 수 있다고 생각해본 적 있는가?

단기적으로는 분노를 표출하지 않는 것이 분노를 표출하는 것보다 더 좋아 보일 수 있다. 분노를 표출하지 않으면 충돌이 생길 일이 없고, 충돌이 없으면 마음도 평안할 수 있기 때문이다. 반면에 분노를 표출하면 충돌이 생기고, 문제 해결을 위한 소통이 더 많이 필요하며, 무엇보다 마음이 불편하다. 하지만 장기적으로 보면 분노를 표출하는 것이 표출하지 않는 것보다 훨씬 더 좋다. 분노 표출은 관계를 공고하게 하려고 상대방과 함께 노력한다는 의미이기 때문이다. 무엇이 나를 편안하게 하는지 상대방에게 알려주자. 그가 나를 정말 사랑한다면 나를 만족시킬 방법을 찾을 것이다. 만약 분노를 표출하지 않으면 상대방은 내가 어떤 상황에서 불편함을 느끼는지 알 수 없으므로 서로 어색하고 불만스러운 관계가 계속될 수밖에 없다. 그러므로 분노 표출은 단기적인 편안함이 아니라 장기적인 안정을 추구하는 방향으로 생각해야 한다. 이처럼 시간적 차원을 달리해서 '코끼리 만지기'를 해보면 분노에 대한 인식이 완전히 달라질 것이다.

모두 와인을 마시면서 낮은 목소리로 대화를 나누는 우아한 사교 모임에서 화가 난다고 함부로 고함을 질러대는 행동은 삼가는 편이 좋다. 하지만 길에서 괴한을 만나면 있는 힘껏 소리를 지르면서 거칠게 분노를 표출해야 그가 겁을 먹고 도망가게 할 수 있다. 나의 안전을 지키는 분노 표출은 응당 해야 하는 행동이다. 이처럼 서로 다른 상황에서 '코끼리 만지기'를 해도 역시 분노에 대한 인식이 완전히 달라질 수 있다.

화를 내지 못하는 자신을 위해 반례를 들어도 좋다. 예를 들어 내 어떤 지인은 분노를 그대로 표출하는 사람이다. 부모님이 자신에게 조금이라도 불편한 소리를 한다 싶으면 그 자리에서 바로 이야기하고, 아이가 말을 안 들으면 즉각 혼을 낸다. 직장에서 불합리한 업무를 지시하면 주저하지 않고 그렇게는 못 한다고 말한다. 그래도 부모님과의 관계에 아무 이상이 없고, 아이는 열심히 공부해 일류 대학에 합격했으며, 직장에서는 연이어 승진하면서 능력을 인정받고 있다. 반대쪽에서 '코끼리 만지기'를 해보면 분명 전혀 다른 결론에 이르게 될 것이다.

인식의 범위를 이미 수십 년 동안 만져온 코끼리의 다리나 코에 제한하지 말자. 좀 더 걸으면서 시간, 상황, 각도를 달리해 '억압할 수밖에 없다고' 오해해왔던 감정을 만져보아야 한다. 그러면 기존의 인지 모델이 상당히 취약하며, 분노 표출은 생각만큼 그렇게 두려운 것이 아님을 알게 될 것이다.

○ 핵심 문제: 절대 화내지 않는다.

○ 표현 방식: 분노를 느끼지 않고, 분노의 존재 자체를 부인한다.

○ 원인

　▲ 아무도 분노를 받아주지 않았던 경험과 혼란한 감정이 일으키는 두려움

　▲ 분노 표출로 발생할 수 있는 끔찍한 결과

　▲ 교양 있는 사람은 화내지 않는다는 도덕적 굴레

○ 결과: 겉으로는 평온하지만, 속으로는 고통에 시달린다.

○ 솔루션 제안

　▲ 분노와 싸우지 않고, 분노 그 자체로 둔다.

　▲ 감정의 본질을 깨닫고, 그것을 가지고 노는 법을 배운다.

　▲ 새로운 방식으로 문제를 보면서 분노를 적이 아닌 친구로 삼는다.

제 8 장

매일 반성하는 사람들

✦

최근 란이는 골치 아픈 일이 있었다. 며칠 전, 친구와 쇼핑하러 외출했는데 같이 저녁 식사를 하고 나오니 비가 억수같이 퍼붓고 있었다. 친구는 새 옷이 비에 젖는 것이 싫다며 쇼핑한 옷 몇 벌을 란이의 차에 두고 나중에 가지고 가겠다고 했다. 어려운 일이 아니어서 란이도 전혀 개의치 않고 친구의 옷을 받아서 뒷좌석에 두었다.

며칠 지나지 않아 아무도 예상하지 못한 일이 생겼다. 누군가 란이의 차 유리창을 깨고 그 안에 있던 물건을 전부 훔쳐 간 것이다. 전부라지만, 사실 친구의 새 옷 말고 다른 귀중품은 아무것도 없었다. 조심성 많은 란이는 절도범의 표적이 될까 봐 평소에 절대 차 안에 귀중품을 두고 다니지 않았기 때문이다.

란이는 이 일을 친구에게 바로 말하지 않고, 혼자 가게에 가서 옷을 사 왔다. 그런 후에 친구에게 전화를 걸어 무슨 일이 있었는지 설명하고, 옷은 자기가 다시 사두었으니 아무 때나 가지러 오라고 말했다. 이야기를 들은 친구는 무척 놀라고 속상해하면서 어쨌든 옷을 차에 두겠다고 한 사람은 자신이니 란이의 탓이 아니라며 옷값을 보내주겠다고 했다. 하지만 란이는 끝까지 돈을 받지 않고 이렇게 말했다. "아냐, 내가 물건을 잘 보관하지 못한 탓이지 뭐. 괜히 너까지 신경 쓰게 해서 내가 더 미안해. 다음에 만날 때, 사이즈랑 디자인은 맞게 샀는지 한번 봐봐."

이상이 란이가 이 일을 처리한 방식이다. 솔직히 옷을 사는 데 돈이 꽤 들었지만, 그래도 감당할 수 있는 정도였고 경제적으로 타격이 있거나 하지는 않았다. 그런데 최근까지도 이 일이 계속 란이의 머릿속을 떠나지 않았다. 혼자 멍하니 있거나 침대에 누워 자려고 하면 자꾸 생각이 나서 불면증까지 생길 정도였다. '얼마 되지도 않는 돈이잖아. 이렇게까지 마음에 걸릴 일이야? 설마 지금 네가 잘못해서 생긴 일이 아니라는 거야? 네가 주차비 아끼겠다고 차를 길가에 세워 두지만 않았어도 이런 일은 없었어!' 란이는 이렇게 마음속의 갈등을 애써 억눌렀다.

얼마 후에 정비 센터에서 차를 가져가라고 연락이 왔다. 만만치 않은 비용이 적힌 수리비 명세를 확인한 란이는 화가 치솟고 억울해서 더 이상 참기 힘들었다. '걔가 애초에 내 차에 옷을 두지 않았으면 이런 일도 없었잖아! 그런데도 손해 배상을 요구하기는커녕 옷까지 다시 사서 주다니!'

그 순간, 란이는 이런 감정과 생각에 소스라치게 놀라면서 즉각 자신을 나무랐다. '지금 뭐 하는 거야? 친구 사이에 어쩜 그렇게 계산적일 수가 있지? 우정이 가장 중요한 거 몰라? 이건 책임을 회피하는 거잖아. 어떻게 그럴 수가 있니?'

자 기 비 난

차에 둔 친구의 옷을 도난당했을 때, 란이는 자기가 잘못했다면서 남의 물건을 잘 보관하지 않은 자신을 탓했다. 박살 난 차창을 보니 이 도난 사건이 친구가 비싼 옷을 차 안에 둔 탓일 가능성이 커서 속이 쓰리고 억울했지만, 그런 생각이 드는 것조차 용납하지 않았다. 오히려 친구라면서 그런 것도 하나 제대로 못 챙기고, 심지어 책임까지 회피하려는 자신을 강하게 책망했다. 이처럼 란이는 살면서 생기는 모든 문제에 대해 자신을 비난할 방법을 찾는 사람이다. '자기 비난'은 모든 피플 플리저가 매일같이 아주 부지런히 하는 일이다.

고결함: 나는 밝고 빛나야 한다

이런 장면을 상상해본다. 어느 날, 길을 걷다가 쏟아지는 햇빛의 각도와 내 그림자의 모양에 흥미가 생겼다. 이리저리 자세를 바꾸면 그림자도 그에 따라 바뀌는 것이 참 재미있다. 그러다가 호기심에 주변 행인들의 그림자를 몰래 눈여겨보기 시작했다. 사람마다 그림자는 모두 달랐다. 키가 큰 사람의 그림자는 기다랗고, 뚱뚱한 사람은 그림자도 배가 불룩했다. 산책하는 커다란 골든리트리버는 그림자만 보면 꼭 무서운 늑대 같았다! 이때 맞은편에서 걸어오는 여성을 발견했다. 하늘하늘 가볍게 날리는 원피스를 입고 값비싼 장신구를 한 아름다운 여성이지만, 중요한 건 그게 아니었다. 놀랍게도 그녀는 그림자가 없었다! 이때 나는 어떤 반응을 보였을까? 그림자조차 없어서 더 아름답다고 생각했을까? 당연히 아니다. 그녀의 아름다움에 감탄할 겨를도 없이 냅다 도망치면서 크게 소리쳤다. "귀신이다!"

✦ 그림자가 없는 사람은 없다

그림자가 없으면 사람이 아니라 귀신이라고 생각하는가? 그러면서 자신은 이타심, 책임감, 관용 같은 미덕만 있고, 이기심, 무책임, 욕심 같은 나쁜 면은 절대 없다고 생각한다면 어불성설이다. 당신이 되고 싶은 것은 사람인가, 아니면 귀신인가?

피플 플리저는 직장에서 동료의 업무를 거들지 않은 자신을 이기적이라고 탓한다. 좋아하는 케이크를 고르고는 왜 같이 간 친구에게 먼저 선택권을 주지 않았냐며 자기중심적인 자신을 비난한다. 동생 생일에 함께 식사하고 계산하면서 '생일인 사람이 밥을 사야 하는 거 아냐?'라는 생각이 들자 가족에게마저 이토록 계산적인 자신이 너무나 혐오스럽다. 한마디로 피플 플리저는 모두에게 한없이 이타적인 위대한 '성자'가 되기를 희망한다. 해가 비춰도 그림자가 없다는 건 인간의 본성에 반하는 것임을 전혀 알지 못한다.

밝음이 있으면 어둠도 있는 법이다. 어둠이 없으면 밝음이 무엇인지 알 수 없고, 악이 없으면 무엇이 선인지 알 리 없다. 하지만 피플 플리저는 밝음만 있고 어둠은 없는 불균형한 세상을 만들고자 한다.

때로는 이기적이고 무책임한 것이 인간의 본성이다. 물론 너도나도 이런 본성만 내세우면 사회가 제대로 돌아가지 않기 때문에 이타적이고 책임감 있는 자세를 권장하는 것이다. 그렇다고 자신의 어두운 일면을 싹 지워버리고, 밝은 미덕만 본성으로 남기려고 하면 삶의 균형을 잃게 된다.

✦ 고결해지기 위한 삶

피플 플리저는 왜 그렇게 살까? 남에게 잘 보이고 싶어서라고 말하는 사람도 있고, 상대방을 만족시키고 싶다거나 그에게 인정받기 위해서라고 말하는 사람도 있다. 이는 바꿔 말하면 남이 나를 못마땅해할까 봐, 만족하지 못할까 봐, 나를 '별로'라고 말할까 봐 걱정되고 무섭다는 이야기다. 그런데 혹시 단지 내가 '고결해 보이기 위해서' 이렇게 사는 것은 아닐까?

피플 플리저는 실수로 다른 사람의 발을 밟으면 미안하고 죄책감마저 들어서 연신 고개를 숙이면서 "정말 죄송합니다!"라고 사과한다. 또 친구가 부탁한 물건을 깜박 잊으면 그에게 피해와 상처를 준 것 같아서 자책한다. 이런 모습을 고결하다고 하는 것이 맞을까?

고결함은 사회가 옹호하고 많은 사람이 권장하는 미덕이다. 그래서 피플 플리저가 고결해지려고 노력하는 것이다. 만약 사람들이 돈이나 지위가 가장 좋은 미덕이라고 했다면 그쪽을 좇았을 것이다. 돈과 지위는 삶의 방식 중 하나일 뿐이고, 그것만으로 여유로워질 수는 없다는 사실을 전혀 깨닫지 못한 채 말이다. 고결함 역시 수만 가지 삶의 방식 중 하나다. 다들 좋다고 한다는 이유로 무작정 추구하다 보면 자기도 모르게 감정을 억눌러 고통에 빠질 수도 있다.

고결하게 살지 말라는 말이 아니다. 다만 조용한 곳을 찾아 고결함이 내 인생의 목표가 맞는지, 정말 내가 원하는 삶의 방식인지 차분하게 자문해보기 바란다. 만약 그렇다면 문제 될 것이 없다. 사회는 당연히 고결한 사람을 필요로 하며, 그렇게 살면 여러 사람의 본보기나 리더가 될 수 있기 때문이다. 또 그렇지 않더라도 역시 문제 없다. 모든 사람이 성자가 되어야 하는 것은 아니며, 이제부터 행복한 '보통 사람'이 되면 되니까.

희생: 미덕인가, 학대인가?

자신에게 고결해지기를 요구했을 때, 필연적으로 따라오는 결과가 있다. 바로 자신을 희생해서 스스로 '피해자'의 위치에 서는 것이다.

란이는 자기 책임이 아닌 상황에서 친구에게 보상하는 '고결한 행동'을 하는 동시에 스스로 피해자의 위치에 섰다. 그녀가 자신의 노동 소득으로 다른 사람이 저지른 잘못을 보상한 일은 좋게 말해서 '희생'이고, 나쁘게 말하면 '자기학대'다.

✦ 고난이 곧 행복이다

란이는 친구의 옷을 도난당하자 죄책감을 느꼈는데 이것이 첫 번째 자기학대다. 친구에게 사과하거나 둘이 상의해서 일을 처리하면 되는데 굳이 혼자 모든 책임을 떠맡기로 한 선택이 두 번째 자기학대고, 이후에도 계속 이 일이 떠올라 불면증까지 생긴 것이 세 번째 자기학대다. 마지막으로 친구를 탓하는 마음이 살짝 들자 심하게 자책했는데 이것이 네 번째 자기학대다.

란이는 왜 자신을 학대했을까? 아니, 피플 플리저는 대체 왜 기꺼이 희생하면서까지 자신을 학대할까? 고전적 정신분석학에 따르면 학대는 고통을 부른다. 이 고통은 현실에서 겪는 사건으로 촉발된 어린 시절의 죄책감을 덜어주는 동시에 자신에 대한 일종의 징벌이다.

박살 난 차창을 보았을 때, 아마도 란이는 가장 먼저 분노를 느꼈을 것이다. 이 분노는 누구를 향한 것이었을까? 가장 합리적인 대상은 당연히 절도범이겠지만, 이미 멀리 도망쳤을 테고 남자인지 여자인지조차 알 수 없다. 이럴 때 가장 편리한 대상이 바로 친구다. '네가 옷을 차에 둔 거잖아! 그렇게 비싼 브랜드의 쇼핑백을 두었으니 절도범이 차창을 안 깨고 배겨?' 이런 생각이 든 순간, 란이는 어린 시절에 느꼈던 죄책감이 떠올랐다. 아마 부모님은 아이를 세심하게 돌보는 사람들이 아니었을 것이다. 냄새가 풀풀 날 때까지 기저귀를 갈아주지 않았고, 갈아주는 손길도 너무 거칠었다. 어린 란이는 화가 났지만, 부모님을 공격하는 생각만 해도 죄책감이 들었다. 어쩌면 성장 과정에서 분노 표출은 곧 공격을 의미했고, 공격은 부모와의 거리를 멀어지게 한다고 여기게 되었을 것이다. 부모님은 내가 필요했는데 그들을 떠나서 죄책감이 들었을 수도 있다. 어쨌든 이번 차량 도난 사건은 잠재의식 속에 있던 이런 불편한 감정들을 전부 끄집어 냈고, 란이는 이 불편한 감정들을 없애고자 자기학대를 선택했다. 죄책감이 드는 일을 벌였으니 나를 학대해서 스스로 벌을 주고, 고통으로 나를 마비시키겠다는 뜻이다. 이때 란이에게 '고난'은 곧 '행복'이 되었다.

✦ 그 행복한 사람도 나일까?

어쩌면 란이가 너무 오랫동안 '피해자'였던 탓일 수도 있다. 그 고유한 정체성을 유지하기 위해 계속 고통받는 쪽을 선택한 것이다. 어렸을 때, 형제들과 싸울 때마다 부모님은 다짜고짜 란이를 꾸짖어서 양보를 가르쳤다. 집에 손님이 와서 자고 갈 때면 부모님은 항상 란이의 작은 침대를 내주게 했다. 이런 일들은 란이가 자신을 '희생되어야 하는 사람'으로 이해하게 했다. 이런 상황에 이미 익숙한 란이가 갑자기 '피해자'나 '희생되는 사람'이 아니라, 자신을 위해 행복과 즐거움을 창조하는 사람으로 바뀐다면 그 사람도 란이라고 할 수 있을까?

프로이트의 이런 관점들을 완전히 헛소리라고 생각할 수도 있다. 하지만 란이의 친구 입장에서 이 일을 다시 보면 분명히 매우 흥미롭고 부인하기 어려운 사실이 보인다. 사실 란이는 옷을 도난당한 일을 친구에게 끝까지 말하지 않고 조용히 책임져서 더 '고결'해질 수도 있었다. 하지만 굳이 친구에게 사건을 알리는 쪽을 선택했고, 돈을 보내준다는 친구의 의사를 거절했다. 생각해보자. 이 친구는 앞으로 란이가 산 옷을 입을 때마다 어떤 기분이 들까? 양심과 지각이 있는 사람이라면 당연히 죄책감을 느낄 것이다.

다시 말해, 란이는 희생함으로써 자신을 '학대'하고, 스스로 '피해자'의 위치에 섰다. 동시에 '희생'을 통해 친구가 죄책감을 느끼게 하면서 자기가 이 일로 얼마나 괴로운지 은근히 알렸다. 이런 행동의 이면에는 '너도 나만큼 힘들었으면 좋겠어!'라는 심리가 깔려 있다. 희생은 미덕처럼 보이지만, 사실은 타인과 자신을 모두 고통스럽게 하는 것이다. 그러니 지금부터라도 이 건강하지 않은 관계를 끝내야 한다. 내가 자유롭고 행복하게 살아야 주변 사람들도 행복해질 수 있다.

완벽: 제대로 못 한 내가 죄인이다

자신에게 더 고결해지라고 요구하고, 자기 본성 안에 어두운 면을 허용하지 않는 것은 사실 진짜 큰 문제가 아니다. 사람마다 생각이 있고 원하는 바가 다르기 때문이다. 정말 큰 문제는 절대적인 고결함에 이르지 못한 자신을 거세게 비난하면서 끊임없이 단죄하는 것이다.

✦ 내 안의 판사님

란이가 정말로 매우 고결한 인성을 갖춘 사람이라 진심으로 친구의 손실을 배상하기를 원했다면, 자신의 행위가 굉장히 자랑스럽고 즐거웠을 것이다. 원하는 대로 되었으니 말이다. 하지만 그렇지 않았다. 란이는 절대적인 고결함에 도달하지 못했기 때문에 도리어 이 일로 괴롭고 갈등이 끊이지 않았다. 비싼 옷을 자기 차에 그렇게 오래 두고 가져가지 않은 친구가 밉고, 내 잘못도 아닌데 책임지게 된 것 같아 약간의 억울함과 불공평함을 느꼈다. 동시에 란이는 이런 생각을 하는 자신을 강하게 비난하면서 스스로 '책임을 회피한 죄', '속이 좁은 죄', '계산적인 죄'가 있다고 판결했다. 이런 죄를 지은 란이는 고개를 들지 못했다.

피플 플리저는 마음속에 엄격한 판사를 두고 끊임없이 자신을 심판한다. 왜 그럴까? 이 판사는 상담 기법에서 말하는 '어버이 자아 상태'다. 어렸을 때, 부모님은 사회의 규범과 기준에 맞춰 우리의 행동을 끊임없이 바로잡으면서 잘잘못을 가려줬다. 온화한 부모였다면 괜찮지만, 엄격한 부모였다면 성인이 된 후에 마음속에 자리 잡은 판사도 모질고 냉혹하다. 이처럼 아이가 성장하면서 부모의 요구 사항을 내면의 일부로 만드는 과정을 '내재화'라고 한다. 가령 어렸을 때 부모님이 짧은 치마를 못 입게 한 사람은, 성인이 되어 더는 부모님이 간섭하지 않고 심지어는 돌아가셨는데도 여전히 짧은 치마를 입기 불편한 심리가 그렇다.

내면의 공격성을 밖으로 향하면 '어버이 자아 상태'도 밖으로 향한다. 그래서 주변에 보면 꼭 '큰 어른'이라도 되는 양 구는 사람들이 있다. 이들은 항상 이 사람은 이래서 마음에 안 들고, 저 사람은 저래서 꼴사납다. 피플 플리저는 그 반대다. 이들은 공격성을 안으로 향하므로 '어버이 자아 상태'도 안으로 향한다. 타인이 아니라 자신을 트집 잡고 심판하면서 집요하게 자신을 괴롭힌다.

✦ '죄인'이 되어서 좋은 점

피플 플리저 자신도 왜 나는 항상 나를 괴롭히는지 궁금할 것이다. 그 이유는 바로 자신에 대한 단죄가 고통스러워 보이기는 하나 나름의 이점이 분명히 있기 때문이다. 대표적으로 타인의 비난을 피할 수 있는 이점이 있다.

이렇게 생각해보자. 친구가 우리 집에 놀러 왔다가 내가 좋아하는 꽃병을 깨뜨렸다. 약간 화가 나서 조심 좀 하지 그랬냐고 한마디 하려는데, 내가 입을 떼기도 전에 갑자기 친구가 펑펑 울면서 말했다. "대체 내가 무슨 짓을 저지른 거야? 네가 가장 아끼는 꽃병을 깨뜨리다니! 절대 나를 용서하지 마. 나처럼 이렇게 덜렁거리는 사람은 벼락을 맞아도 싸!" 친구가 이렇게 나오면 어떻게 하겠는가? 원래 하려던 말을 할 수 있는가? 당연히 하기 어렵다. 오히려 울며불며 자책하는 친구를 보고 놀라서 '꽃병 하나 깨졌다고 뭘 이렇게까지 해?'라고 생각할 것이다. 도리어 내가 친구를 힘들게 한 것 같아 죄책감이 들 수도 있다. 결과적으로 나는 한마디 하기는커녕 다급히 친구를 달래면서 괜찮다고 할 것이다. 이것이 바로 자기 심판의 이점이다.

작은 실수를 저질렀을 때, 내가 먼저 심하게 자책해버리면 과연 누가 도덕적 우위에 서서 나를 심판하겠는가? 그럴 사람은 아무도 없다. 설령 누군가가 나를 탓하더라도 이 역시 내가 하는 자책보다 더 심할 리 없으므로 타인에게 비난받는 수치심을 피할 수 있다.

타인에게 비난받았을 때 기분이 좋을 사람은 없다. 아마 어렸을 때는 이렇게 선수 치는 방식으로 자기방어에 성공하면 굉장히 현명한 처사였다고 만족했을 것이다. 하지만 이런 방식은 이미 철 지난 것이다. 이제는 이렇게 해봤자 삶이 더 나아질 리 없으며 도리어 상처만 더 깊어진다.

자기 비난의 쓴맛:
내 상처를 더 깊게 하는 사람은 나 자신이다

만일 영혼의 상처가 육체로 드러날 수 있다면 피플 플리저는 단연코 가장 상처투성이인 사람일 것이다. 피플 플리저는 늘 최선을 다해 남의 비위를 맞추고 어떻게든 타인을 기쁘게 해주려고 애쓰는 사람인데, 상처는 왜 또 그렇게 많을까? 간단하다. 타인에게서 받는 상처는 고통의 20%에 불과하고, 나머지 80%는 모두 자신이 스스로 만들기 때문이다.

✦ 나는 나의 2차 가해자다

이른바 '2차 가해'란 피해자에게 첫 번째 피해 외에 다시 새로운 피해를 주는 상황을 가리킨다. 한 학생이 학교에서 괴롭힘을 당했을 때, 가해자 무리가 이 학생에게 한 짓이 첫 번째 피해다. 얼마 후, 학교 측은 이 일을 인지하고 학생을 학교 폭력 피해자로서 보호하기 시작했다. 이 과정에서 학교 측은 전교생에게 이 학생이 어떤 일을 겪었는지 알리고, 앞으로 이와 유사한 일이 발생하면 즉각 교사에게 알리도록 교육했다. 그런데 이때부터 모두가 이 피해 학생이 얼마나 가여운지 이야기하며 동정했고, 피해 학생은 자존심에 큰 상처를 입었다. 이것이 바로 2차 가해다.

피플 플리저는 자신에게 2차 가해를 저지르는 데 능숙한 사람이다. 가령 직장에서 여러모로 안 맞는 동료가 있다고 하자. 이 동료는 걸핏하면 내가 쓴 보고서를 트집 잡고, 회의에서 내 의견을 무시하곤 한다. 이것이 그가 나에게 저지른 1차 가해다. 이때 이 동료가 준 상처는 내게 어떤 결과를 초래했을까? 없다. 나는 직장을 잃지도, 연봉이 깎이지도 않았다. 말이 안 통하는 동료에게 어이없이 몇 마디 당했을 뿐이다. 문제는 이어진 '셀프' 2차 가해다. '내가 정말 능력이 부족한가?', '혹시 내가 팀에 폐가 되는 건 아닐까?', '그 사람 말에 어느 정도는 일리가 있는 거 아니야?' 이런 생각들이 도무지 머릿속을 떠나지 않는다.

단지 싫어하는 동료가 몇 마디 했을 뿐인데, 나 혼자 두세 달이 넘어가도록 자신을 비판하고 있는 것이다. 피플 플리저에게 삼성오신(三省吾身), 즉 '하루에 세 번 자신을 반성한다'라는 말은 자신에게 저지르는 2차 가해를 의미한다. 이러한 가해는 불필요하며 마음만 먹으면 충분히 피할 수 있다. 나 스스로 그런 일이 일어나도록 내버려두었고, 나 스스로 칼을 쥐고 내 가슴에 찔러 넣었기 때문이다.

따라서 외부로부터 상처받으면, 이 상처를 조금 단순하게 볼 필요가 있다. 타인이 내게 상처를 주면 아주 잠시만 괴로워해야 좋다. '어떻게 그럴 수가 있지?', '그 사람이 나한테 왜 그랬을까?', '내가 뭘 잘못했다는 걸까?', '대체 어디서 문제가 생긴 거야?' 이런 생각만 쉬지 않고 계속해서는 안 된다. 이런 식의 자기비판과 자기반성은 자신에게 고뇌와 상처를 주는 일 외에 어디에도 쓸 데가 없다.

✦ 자신을 공격해 타인을 비난한다

피플 플리저가 스스로 자신에게 주는 상처는 여기에 그치지 않는다.

이들은 타인에게 상처받으면 그쪽에는 아무 말도 못 하고, 고결하게도 자신에게서 문제를 찾아 자책하면서 셀프 2차 가해를 저지른다. 이때 느끼는 울분과 억울함을 어떻게 풀어야 할까? 어떻게 하면 상대방도 나의 이 처참한 기분을 알게 할 수 있을까? 피플 플리저가 선택한 방법은 스스로 자신을 괴롭히는 것이다.

우울증 환자가 자살 충동이 드는 이유는 내면의 고통이 너무 심해 괴로운 삶을 끝내고 싶어서다. 이 점은 우리가 반드시 인정해야 할 부분이다. 그런데 일부 우울증 환자는 자살을 통해서 모두에게 말하고 싶어 한다. "눈을 크게 뜨고 봐, 너희들이 내게 무슨 짓을 했는지 보라고! 나에게 어느 정도의 상처를 줬는지 보란 말이야. '이건 병이 아니야, 긍정적으로 생각하고 마음을 좀 더 넓게 가지면 다 좋아질 거야' 같은 말은 도리어 나를 더 고통스럽게 할 뿐이야. 너희들을 공격할 수 없으니 나 자신을 공격해서 너희들을 비난할 거야!"

이는 비교적 극단적인 사례지만, 피플 플리저의 행위 패턴을 정확히 묘사하고 있다. 내가 너를 공격할 수 없다면, 차라리 나 자신을 고통스럽게 해서 은밀하게 너를 비난하는 것이다. 그렇다면 자기반성과 자기비판이 사실은 자신을 괴롭혀서 타인을 비난하는 행위 패턴이란 말인가? 예를 들어 란이가 조용히 옷을 사놓고 친구에게 도난 사건을 알린 일도 알고 보면 은근한 비난이었을까? 설마 스스로 손해를 감수하면서까지 친구가 죄책감을 느끼게 하려는 의도였을까?

란이의 의도가 무엇이었든 자신을 고통스럽게 해서 타인을 비난하는 행위 패턴은 결과적으로 양측 모두에게 피해를 주는 상황을 만든다. 피플 플리저의 행위 패턴을 비난하는 것이 아니다. 자신의 공격성을 대놓고 표출할 수 없다면 억눌러 질식시키기보다는 차라리 은밀하게라도 표출하는 편이 더 낫다. 다만 자신의 행복과 즐거움을 위해 더 좋은 방식을 찾아야 하지 않을까?

✦

자기 심판을 멈추고, 나를 사랑하는 법을 배운다

차라리 '나의 피플 플리저 성향은 부모님의 엄격한 요구와 너무 높은 도덕적 기준이 만든 결과물'이라고 여기면 해결이 더 쉬워진다. 직접 문제를 대면할 필요가 없고 타인만 탓하면 되기 때문이다. 하지만 피플 플리저에게 하루 세 번 반성하라고 압박한 사람은 없다. 자신이 고결해 보이고 싶어서, '부적합한' 자신을 괴롭혀야 하니까, 먼저 자책해서 타인의 비난을 피하려고, 셀프 2차 가해를 멈출 수 없어서, 스스로 상황을 더 엉망으로 만들어 은근히 타인을 탓하려고 그러는 것이다. 따라서 나 자신 말고는, 아무도 나를 구할 수 없다.

방법1: 평가 기준을 업그레이드한다

피플 플리저가 쉬지 않고 자책하면서 반성하는 가장 근본적인 이유는 그의 눈에는 세상이 흑 아니면 백이기 때문이다. 그들이 보기에 사람은 착하거나 나쁘고, 고결하거나 타락했으며, 천사이거나 악마다. 피플 플리저는 이 엄격한 평가 기준을 자신에게도 적용해서 나쁘고, 타락하고, 악마 같은 사람이 아니라, 착하고, 고결하고, 천사 같은 사람이 되려고 최선을 다한다. 그런데 우리가 사는 세상이 정말 흑과 백으로만 이루어졌을까? 세상을 그렇게 단순하게 양분할 수 있는가?

어느 날, 당신은 아주 비싼 목걸이 하나를 샀다. 볼수록 아주 멋지고 어찌나 반짝반짝 빛나는지 굉장히 고급스러워 보인다. 목에 걸고 나가면 어디에서도 꿀리지 않을 수 있어서 무척 흡족하다. 하루는 이 목걸이를 하고 시장에 갔다. 그런데 채소가게 주인이 목걸이를 보더니 원래 5위안인 배추를 느닷없이 친환경 채소라면서 20위안을 받겠다고 했다. 그 순간, 당신은 목걸이를 괜히 하고 나왔다는 생각이 들었다. 또 다른 날, 목걸이를 하고 큰길을 걷는데 불량배들이 흘끗 보더니 당신이 한적한 곳으로 갈 때까지 계속 쫓아오는 바람에 하마터면 목숨을 잃을 뻔했다. 이제는 이 목걸이가 꼴도 보기 싫다.

이 세상에는 절대적으로 좋은 것도 없고, 절대적으로 나쁜 것도 없다. 좋음 안에 나쁨이 있고, 나쁨 안에 좋음이 있는 것이 현실이다. 그런데도 자신에게 반드시 착하고, 고결하고, 완벽하기를 요구한다면 무의미한 기준으로 자신을 괴롭히는 것에 불과하다.

그러니 자신의 판단 기준을 업그레이드해야 한다. 세상에는 절대적으로 좋은 것도, 절대적으로 나쁜 것도 없으므로 그 '존재' 자체를 기준으로 삼아야 한다. 사람이 절대적으로 좋은지 혹은 나쁜지를 판단할 것이 아니라, 그러한 존재가 있다는 것과 그가 존재하는 이유를 보기만 하면 된다.

사과를 보았을 때, 이것은 좋은 것도 나쁜 것도 아니다. 그저 사과일 뿐이며 새빨갛고 향긋해서 맛있어 보인다. 하루는 친구에게 밥을 사줬는데 생각지도 않게 너무 많은 돈을 써서 속이 쓰렸다. 속이 쓰린 것은 하나의 감정에 불과하며 좋고 나쁘고 따질 일이 아니다. 이럴 때는 그냥 '아, 내게 이런 감정이 있었구나. 아주 사랑스러운 감정이네'라고 생각하고 넘기면 된다.

자신의 세계관이 이 정도 수준으로 새로워지고, 판단 기준이 업그레이드된 후에는 아마 절대적으로 고결해지고 싶어도 어떻게 하는지 모를 것이다. 그저 성실하게 자기가 할 일을 하면서 자신의 존재 자체를 즐기면 된다.

방법2: '자격 없어'에서 '하고 싶어'로

자신을 벌해서 죄책감을 억누르든, 습관적으로 피해자 위치에 서든, 자신을 괴롭혀 타인을 비난하든, 전부 하나의 기저 심리에서 비롯되었다. 바로 '나는 행복하고 성공적인 삶에 어울리지 않는다'라는 심리다.

이러한 '부적합 콤플렉스'에 휩싸인 피플 플리저는 늘 피해자를 자처한다. 자신이 행복하고 성공한 사람으로서 문제를 처리할 수 없다고 생각하기 때문이다. 예를 들어 란이는 친구에게 이렇게 말했어야 했다. "내 차에 둔 네 옷을 도둑맞았어. 내 책임은 아니지만, 그래도 유감이야. 나는 너에게 어느 정도 보상할 생각이 있는데, 네 생각에는 이 일을 어떻게 처리하면 좋겠니?" 피플 플리저는 왜 자신을 '성공한 사람'이 아니라 '피해자'라고 생각할까? 설마 내 상황을 악화시키는 것 외에는 더 건강하게 자신의 불만을 표출할 방법을 찾아내지 못해서일까?

'부적합 콤플렉스'를 없애는 것이야말로 피플 플리저 성향에서 벗어나는 핵심이다. 그러려면 세상을 향해 좀 더 과감하게 요구해야 한다.

피플 플리저는 타인에게 뭔가를 요구하는 일이 어렵다. 아무리 힘든 일이라도 다른 사람에게 도움을 요청하지 않고, 그냥 혼자서 묵묵히 한다. 자발적인 노동이 가장 마음 편하며 만약 누군가 그에 대한 보수라도 지급하면 오히려 불안해진다. 자신은 타인에게 잘해줄 수 있어도, 타인이 자신에게 잘해주면 어떻게 해야 할지 모른다. 이처럼 '부적합 콤플렉스'가 있는 사람은 자신이 어떠한 지지, 도움, 보상, 호의도 받을 자격이 없다고 여긴다. 하지만 많은 경우, 현실은 '자격이 있는가'가 아니라, '정말 원하는가'의 문제다.

내가 요구해야 타인이 내게 주고 싶어 한다는 것을 알 수 있고, 타인이 내게 주고 싶어 하고 내가 좋은 것들을 많이 가지고 있음을 알아야 비로소 내게 '자격'이 있음을 깨달을 수 있다.

그러니 좀 더 대담하고 용감하게 타인을 향해 도움, 지지, 보상, 선의를 요구해도 된다. 그래야만 변화의 첫걸음을 내디딜 수 있다. 물론 처음에는 겁도 나고 두려울 것이다. 하지만 차츰 자신이 이렇게 좋은 사람이고, 더 커다란 행복과 성공을 누릴 자격이 있으며, 세상의 모든 좋은 것들을 가질 자격이 있음을 알게 된다! 괜히 타인에게 맞추느라 괴로워하면서 부적합한 자아상을 유지할 필요 없다.

방법3: '자책'에서 '감사'로

용기를 내서 과감하게 새로운 경험을 쌓아 '부적합 콤플렉스'에서 벗어나고 '나는 자격이 있다'라고 생각하는 것이 어렵다면, '감사'를 시도해보자.

어쩌면 '감사'라는 말이 다소 진부하게 들릴지도 모르겠다. 우리는 모두 어렸을 때부터 "힘들게 키워주신 부모님께 감사하자!"나 "거리를 깨끗하게 청소해주시는 환경미화원에게 감사하자!" 같은 말을 많이 들었다. 맞는 말이고 분명히 감사한 일이지만, 부모님의 잔소리처럼 너무 많이 들어서 살짝 지겹기도 하다.

감사에 대한 선입견을 버리고 새로이 '나 자신을 사랑하는 법'을 배우기 바란다. 그동안 감사는 늘 타인을 향한 애정 표현이었다. 부모님에게 감사해서 더 많이 사랑하고 효도하며, 환경미화원에게 감사해서 더 진심으로 존중하는 것이다. 그런데 자신조차 사랑하지 않는 사람이 어떻게 타인을 사랑한다고 말하겠는가?

이제는 감사를 새로운 관점으로 보아야 한다. 감사는 타인을 사랑하기 위한 것일 뿐 아니라, 더 중요하게는 나 자신을 사랑하는 법을 가르쳐주는 것이다.

당신이 피플 플리저라면 아마 자신이 부족하고 자격이 없다고 생각할 것이다. 하지만 진심으로 감사하는 마음이 있다면 자신은 이미 자격이 충분하다는 사실을 알게 된다.

아침에 일어나 방으로 들어오는 햇빛을 보면 매일 세상을 비추어 밝은 빛과 따뜻함을 주는 태양에 감사한다. 침대에서 내려오면 내 몸을 든든히 받쳐주는 대지에, 항상 이곳저곳에 데려가주는 두 발에 감사한다. 세수하면서는 손에 닿으면 시원한 물에 감사하고, 수도꼭지만 돌리면 바로 깨끗한 물이 나오는 집에 감사한다.

출근하면 직원들에게 안정적인 일자리와 임금을 제공하는 일터에 감사한다. 점심시간에는 영양분이 풍부한 신선한 먹거리와 맛있는 음식을 만들어준 조리사들에게 감사한다. 하루를 마무리하면서 작은 침대에 누우면 적당한 시간에 졸음이 밀려와 숙면할 수 있음에 감사한다.

끊임없이 감사하자. 이 말은 거창한 슬로건도 아니고, 누군가에게 꼭 사랑을 표현하라는 의미도 아니다. 감사해야만 삶의 아름다움을 느낄 수 있을 뿐만 아니라, 자신의 아름다움까지 느낄 수 있다. 알고 보니 나는 이렇게 좋은 사람이고, 내 안에 이렇게 많은 행복이 있었음을 깨닫게 된다. 타인에게 감사하는 것이 아니라, 내 삶에 감사해야 한다.

○ 핵심 문제: '자기 비난'을 멈추지 않으며 스스로 자신을 괴롭힌다.

○ 표현 방식: 내면의 '어두운 면'을 용납하지 않는다.

○ 원인

   ▲ 절대적인 고결함을 추구하면서 위대한 '성자'가 되려는 심리

   ▲ 끊임없이 자신을 학대하고 '피해자' 위치에 서는 습관

   ▲ 타인의 비난을 피하기 위한 자기 심판

○ 결과: 스스로 자신에게 상처를 준다.

○ 솔루션 제안

   ▲ 평가 기준을 업그레이드하고, 세상을 흑백논리로 보지 않는다.

   ▲ '부적합 콤플렉스'를 없애고, 과감하게 요구한다.

   ▲ 끊임없이 감사하고, 자신을 사랑하는 법을 배운다.

제 9 장

평생 성장의 비결, SELF 심리 테라피

지금까지 피플 플리저 성향에 대한 기본적인 이해를 마쳤다. 그렇다고 책을 덮자마자 오래전부터 고유한 본성과 단단히 얽혀 있던 이 성향의 문제들이 곧바로 사라지리라 기대해서는 안 된다. 행위 패턴을 완전히 바꾸고 내면의 힘을 키우려면 앞으로도 꾸준히 탐구하고 변화해야 한다. 삶은 복잡다단하므로 피플 플리저 성향의 문제를 해결한다고 해서 만사가 술술 풀리는 것은 아니다. 지속적인 성장이야말로 우리가 평생 수행해야 할 과제다.

이 장에서는 독자들이 책 속에 제시된 방법들을 더 효과적으로 실천하고, 앞으로 살면서 만날 '마음의 위기'에 대처하는 방책을 배우기 바라는 마음에서 직접 고안한 방법을 소개하고자 한다. 바로 '나를 구원하고 살리기'를 목표로 하는 'SELF 심리 테라피'다. 마음에 잘 새겨두었다가 도움이 필요할 때마다 적절히 활용하기 바란다.

'SELF 심리 테라피'란 무엇인가?

'SELF 심리 테라피'는 간단히 말해서 '만능' 자기 치유 방식이다. 비싼 상담 비용을 들이거나 어려운 심리학 이론을 공부할 필요 없이, 그저 성장하려는 마음만 있으면 누구나 할 수 있다.

구체적으로 '감정 인식(Self Awareness), 감정 수용(Emotion Acceptance), 자원 활용(Links to Resources), 신념 전환(Faith Conversion), 기술 향상(Skill Improvement), 경험 습득(Experience Gain), 자기애(Love Yourself), 최상의 상태(Fabulous Life)'의 여덟 단계로 구성된다. 신기하게도 각 단계의 영문 첫 글자를 연결하면 'SELF', 즉 '자아'라는 단어가 두 번 반복된다. 마치 나를 스스로 구원하고 살리는 방법이라는 의미 같아 재미있다.

우울감, 불안, 공포, 슬픔 혹은 설명할 수 없는 어떤 불편한 감정을 느낄 때, 이 방법을 사용하면 고통을 성장의 계기로 바꿔 더 아름다운 삶을 살 수 있다.

SELF 심리 테라피 8단계

1단계: 감정 인식

많은 사람이 불편한 감정이 생기면 회피하거나 저항하는 방법을 선택한다. 예를 들어 기분이 안 좋으면 텔레비전을 보거나 게임을 하고, 우울감에 빠지면 병원에 가서 약을 처방받는 식이다. 편안해질 방법을 찾지 말라는 말은 아니지만, 이런 방식은 자칫 자기감정을 이해하지 못하고 그냥 넘겨버리는 결과를 낳을 수 있다.

감정은 어린아이다. 우리가 불편함을 느끼는 이유는 이 어린아이가 그동안 내가 무시해왔던 일들을 상기시키기 때문이다. 이 일들은 줄곧 등한시했던 욕구나 해결하지 못한 내적 충돌일 수 있고, 의식조차 하지 못한 불합리한 믿음일 수 있다. 계속 무시하거나 간단히 게임이나 약물 등으로만 넘어가면 나중에는 통제하지 못할 정도로 심각한 상태가 되어서 결국 삶에 큰 문제를 일으킬 것이다.

앞으로는 불편한 감정이 생겨나면 우선 마음을 차분히 가라앉히고 몇 번 심호흡한 후, 자문해보자. '지금 느끼는 이 감정은 뭘까?',

'왜 이런 감정을 느꼈을까?', '이런 감정을 일으킨 기저 심리는 무엇일까?' 이런 질문들에 대답하면서 자신을 더 깊이 이해할 수 있고, 불편한 감정 역시 제대로 인식되어 차츰 해소될 수 있다.

관련 내용

제7장. 방법1: 싸우지 않는다. 싸워봤자 상황만 더 나빠진다

2단계: 감정 수용

감정을 인식한 후, 이어서 해야 할 일은 감정 수용이다. 예를 들어 생일에 친구에게 선물을 받았는데, 이 선물의 가치가 10이었다고 하자. 나는 친구 생일에 가치가 1,000인 선물을 줬기에 약간 불편한 감정이 들었다. 그래서 몇 번 심호흡한 후에 자문한 결과, 이 감정이 분노와 억울함임을 인지했다. 내가 들인 노력과 수고에 대한 보상을 받지 못해 생겨난 감정이었다.

이런 상황에서 어떤 사람들은 재빠르게 자신을 비난하기 시작한다. '속이 너무 좁네. 내가 이 정도를 해줬으니 다른 사람도 똑같이 해줘야 한다고 생각해? 정말 계산적이다!' 앞서 감정 인식은 잘했으면서, 뒤에 가서 거센 비난을 퍼부어 성토대회로 만든 셈이다. 감정

이라는 어린아이는 마음을 열면 위로받을 줄 알았지만, 현실은 그렇지 않았다. 진심을 말해달래서 말했는데 도리어 그 진심 때문에 공격당했으니 분명히 매우 슬프고 괴로울 것이다.

따라서 감정을 인식한 후에는 반드시 그것을 수용해야 한다. 사례의 경우, 자신에게 이런 식으로 말하면 된다. "조금 화가 나고 억울하네. 내가 한 만큼 돌려받지 못했으니 당연히 들 수 있는 감정이지. 자기 노력과 수고에 대한 보상 욕구는 아주 정상이야. 그런데 어떻게 하면 이 욕구를 만족할 수 있을까?" 이렇게 하면 자기감정을 담담히 받아들이고, 주의력을 '문제'에서 '해결 방법'으로 옮길 수 있다.

관련 내용

제1장. 방법1: 과거와의 이별, 나는 더 이상 나약한 어린아이가 아니다

제3장. 방법1: 이면에 있는 긍정적 욕구에 주목한다

제7장. 방법2: 감정을 가지고 논다

3단계: 자원 활용

때로는 감정이 너무 강렬해서 자기 능력만으로는 수용하기는커녕,

제대로 인지하기도 어려울 때가 있다. 예를 들어 강한 우울감이나 불안이 엄습하면 정말 어찌해야 좋을지 몰라 혼란스럽다. 이럴 때는 주변의 자원을 적절히 활용해야 한다.

여기에서 말하는 자원은 현실적인 것과 심리적인 것이 있다. 현실적 자원은 내가 가장 믿고 의지할 수 있는 사람들이다. 그들에게 지금 느끼는 감정을 허심탄회하게 털어놓고, 함께 자기 내면을 들여다보며 탐색해야 한다. 만약 그럴 만한 사람이 없다면 심리 상담사를 찾아 도움을 구해도 좋다. 심리적 자원은 이미 많이 가지고 있다. 아름다운 기억이나 떠올리면 힘이 되는 사람 등인데 감정이 휘몰아칠 때 이런 자원들을 생각하고 느끼면서 힘과 지지를 얻을 수 있다.

관련 내용

제6장. 방법1: 단호함의 힘을 기른다

제6장. 방법3: 잠시 쉬어 갈 안전한 피난처를 만든다

4단계: 신념 전환

앞에서 모든 감정은 신념, 즉 믿음에서 비롯된다고 이야기했다. 예를 들어 많은 사람 앞에서 말하기가 두려운 까닭은 '남들은 내게 비판

적'이라고 믿기 때문이고, 타인을 거절할 수 없는 이유는 '거절하면 상대방이 상처받고 분노해서 내게 보복할 텐데, 나는 그 보복을 감당할 수 없다'라고 믿기 때문이다. 따라서 감정을 바꿀 수 있는 열쇠는 그 감정을 만든 근본적인 믿음을 바꾸는 것이다.

감정을 인지하고 수용했다면 이번에는 이 감정의 이면에 어떤 믿음이 있는지 생각해보고 자신에게 물어보자. '이 믿음이 진리인가? 절대적인가?', '사람들이 단상에 오른 내게 정말 그렇게 관심이 있을까?', '거절하면 반드시 보복이 돌아올까?' 장담컨대 생각하면 할수록 나를 불편하게 하는 근본적인 믿음들이 상당히 불합리하다는 사실을 깨닫게 될 것이다. 불합리하다면 반드시 바꾸어야 한다.

관련 내용

제5장. 방법2: '해야 하는 일'에서 '하고 싶은 일'로

제6장. 방법2: "견딜 수 있어!"라고 말한다

제7장. 방법3: '감정 코끼리' 만지기

제8장. 방법1: 평가 기준을 업그레이드한다

5단계: 기술 향상

호두를 먹을 때는 호두 까는 기계를 가져와서 쓰면 편리하다. 또 멀리 사는 가족과 자주 연락할 때에는 핸드폰이 무척 유용하다. 그런데 살면서 어려운 일을 만났을 때는 왜 자신을 도와줄 '도구'를 사용하지 않는가?

아무리 타인을 거절하기 어려워도 그렇다고 늘 거절하지 않으면 자기 삶을 잃게 되어 괴롭다. 물론 이전 단계들, 즉 감정을 인지해서 수용하고 주변 자원을 활용하거나 신념을 전환하는 방식이 꽤 도움이 될 것이다. 하지만 다른 사람과 어울리는 일은 현실적인 문제이므로 사교의 기술을 습득할 필요가 있다. 상대방에게 상처 주지 않으면서 거절하고, 감정을 표현하는 데 유용하게 쓰이는 기술들이 많다. 조금만 시간을 들여 배우면 큰 도움이 될 것이다.

관련 내용

제1장.　방법3: 딱 잘라 거절하는 '강단 있는' 사람이 된다

제2장.　방법1: 부드럽게 비동의한다

6단계: 경험 습득

사람은 경험의 동물이다. 오늘 계단을 내려가다가 넘어지면 내일부터는 조심하고, 이번에 누군가에게 상처받으면 다음부터는 그 사람을 멀리한다. 감정 이면에 있는 근본적인 믿음을 바꾸고 유용한 기술까지 습득했더라도 아직은 머리로만 이해한 수준이다. 진정으로 삶의 변화를 만들어내고 싶다면 과감하게 실천해 새로운 경험을 얻어야 한다.

예를 들어 타인을 거절하기 어려워하는 이유는 보통 '거절하면 우리 관계가 깨질 것'이라는 불합리한 믿음 때문이다. 이를 깨닫고 나면 자신에게 "이 관계는 생각만큼 취약하지 않아. 한 번 부딪혔다고 깨질 관계라면 소중히 할 필요가 없지"라고 알려줌으로써 근본적인 믿음을 바꾸고, 기분 나쁘지 않게 거절하는 법을 배워야 한다. 하지만 이런 것들을 제대로 실천하지 않으면 거절에 대한 공포는 영원히 사라지지 않는다. 경험을 통해 현실에서 새로운 믿음과 기술을 검증해야 한다. 그래야 거절이 관계를 깨뜨리지 않고, 오히려 상대방이 나를 더 존중하게 한다는 사실을 실감할 수 있다. 새롭게 경험하면서 효과를 실감해야만 타인을 거절할 때 느끼는 공포를 완전히 없앨 수 있다.

관련 내용

제2장. 방법2: 감정으로 표현하지 말고, 감정을 표현한다

제4장. 방법1: 조금 나쁘게 살아본다

제8장. 방법2: '자격 없어'에서 '하고 싶어'로

7단계: 자기애

자기애는 자신에게 예쁜 옷을 선물하거나 잘 먹고 잘 자는 것처럼 단순한 것이 아니다. 진정한 자기애란 내면의 충돌과 갈등을 스스로 해결하고 자신을 하나의 독립된 개체로 보는 것, 즉 '자기 수용'을 의미한다.

원래 내향적인 사람인데 어서 사교성을 발휘해서 사람들과 빨리 친해지라고 자신을 닦달하면, 내면이 충돌과 갈등으로 가득 찬다. 이런 상황은 자신을 받아들일 수도 사랑할 수도 없게 만들어 극심한 고통을 불러일으킬 수 있다. 자신이 피와 살, 이기적인 마음과 개성이 있는 사람이라는 사실을 진정으로 받아들이자. 그래야만 이후로도 가장 아름다운 모습으로 살아갈 수 있다.

동시에 자기 일과 타인의 일을 분명하게 구분할 줄 알아야 한다. 타인의 감정을 책임지는 것이 아니라 자신의 행복과 성공에 더 집중

하는 법을 배워야 한다.

8단계: 최상의 상태

이상의 일곱 단계를 하나씩 해내다 보면 어느새 몸과 마음이 자연스럽게 최상의 상태가 되었을 것이다. 이외에 몇 가지 노력을 통해 심신을 더 좋은 상태로 만들 수 있다.

그중에서도 명상 훈련이 꽤 유용하다. 매일 5분 동안, 머리부터 발끝까지의 감각에 집중해보자. 지금 일어나고 있는 모든 일에 주의를 기울인다. 비가 오면 빗방울이 손등을 두드리는 소리를 듣고, 공기에 배어 있는 냄새를 맡는다. 나무가 바람에 흔들리는 모습과 빠르게 날아가는 새를 보고, 내 몸을 스치는 시원하고 부드러운 바람을 느긴다. 명상 외에 '감사'하는 법을 새로 배워 삶의 아름다움을 실감할 수도 있다.

능동적인 경험은 나를 둘러싼 세상을 훨씬 더 풍부하고 다채롭게 만들 것이다. 누군가와 똑같아질 필요도 없고, 타인의 환심을 사거나 비위를 맞출 필요도 없다. 그저 존재하면서 나 자신으로 살기만 하면 기쁨과 행복을 가득 누릴 수 있다.

관련 내용

제2장. 방법3: 온 마음을 다해 나를 발견한다

제3장. 방법2: 나를 하나로 만든다

제8장. 방법3: '자책'에서 '감사'로

후기

안녕, 내 안의 피플 플리저

제가 전하고 싶은 내용은 여기까지입니다. 이 책이 많은 분에게 도움이 되기를 간절히 바랍니다. 책 속의 어떤 장이나 단락, 아니 한 문장이라도 여러분에게 가닿아 변화를 도울 수 있다면 이 책은 사명을 완수했다 할 수 있습니다. 물론 저도 정말 행복할 것입니다. 가능하다면 독자 여러분이 많은 피드백을 주시길 기대합니다.

물론 이 책에는 부족한 부분도 많습니다. 이를테면 주제 분류가 그다지 명확하지 않습니다. 예를 들어 '거절이 두려운 사람들'과 '죽어도 부탁은 못 하는 사람들'이 서로 완전히 구별되는 주제라고 말하기 어렵죠. 또 하나의 개념으로 여러 현상을 해석할 수 있으므로 종종 중복되는 내용이 있습니다. 당연히 가장 큰 이유는 제 언어 능력에 한계가 있고, 다양한 심리 현상에 대한 분석이 충분하지 않아서입니다. 독자들의 너른 이해를 바라며 소중한 의견 보내주시기를 부탁드

립니다(저자 이메일: huayangxinli@foxmail.com).

   마지막으로 감사의 말을 전하려고 합니다. 가장 먼저 감사하고 싶은 사람은 이 책의 편집자인 장샨입니다. 이 책을 쓰는 내내 여러 가지 좋은 제안을 해주고, 제가 쓰고 싶은 내용을 쓰도록 충분한 자유를 주었습니다. 다음으로 남편에게 감사하고 싶습니다. 남편 본인의 말을 빌리자면 '아내를 안정시키는 주요 임무와 원고 검토라는 부차적인 임무'를 훌륭하게 해낸 사람입니다. 제 부모님과 시어머니께도 감사드립니다. 이분들이 늘 제 삶에 여러모로 도움을 주시는 덕분에 제가 하고 싶은 일을 마음껏 할 수 있습니다. 마지막으로 제 상담사인 위예에게 감사의 말을 전합니다. 수년간 저와 함께 내면을 탐색하고, 제가 울고 웃는 모습을 죽 보아온 사람입니다. 물론 무엇보다 가장 감사하는 대상은 제 안에 있는 피플 플리저 성향입니다. '너를 미워한 적도 원망한 적도 있어. 하지만 지금 생각해보면 이렇게 오랫동안 너와 함께할 수 있어서 감사해!'

   이 책이 여러분을 비추는 등대가 되기를, 변화의 길 위에 선 여러분의 동반자가 되기를 바랍니다. 하지만 그 무엇보다 가장 바라는 일은 여러분이 언젠가 이 책이 더 이상 필요 없게 되어서 자신의 피플 플리저 성향에 작별 인사를 건네는 것입니다. "고마워, 그리고 사랑해!"라고.

누구에게도 맞추지 않아야
비로소 내가 될 수 있다.